文教產業服務行銷
理論與實務：
以華人學前教保機構為例

林佳芬　著

作者簡介

林佳芬

學歷

國立臺北教育大學教育學博士

經歷

中國文化大學青少年兒童福利碩士學位學程專任副教授兼學程副主任

國立臺北教育大學幼兒與家庭教育學系、師資培育中心兼任助理教授

馬偕醫護管理專科學校幼兒保育科專任助理教授兼科主任

馬偕醫護管理專科學校幼兒保育科專任講師

服務

行政院勞委會保母技術士術科測試監評人員

教育部兒童及少年保護講授師資（核定專長：政策法規、親職教育）

教育部辦理全國公私立幼稚園輔導計畫核定輔導員

教育部暨青輔會大專校院學生國際志工服務計畫主持人（越南幼兒園服務計畫）

臺北市政府社會局委託辦理保母核心課程訓練計畫主持人

臺北市政府社會局提升托育服務品質計畫專案指導教授

臺北市政府公設民營中正托嬰中心顧問

新北市政府公設民營北峰托嬰中心督導

財團法人新北市榮光育幼院 103 年度董事

中華民國兒童教保聯合總會顧問暨學術期刊編審委員

美國 Mirage Entertainment「兒童職業體驗學習樂園」教育諮詢顧問

推薦序

　　學前教保機構的職責與使命，包括了幼兒的教育（education）與保育（care）雙重功能。教保合一（edu-care）為因應時勢之創新詞，這樣的理念並不是口號，已逐步落實在聯合國教科文組織（United Nations Educational, Scientific and Culture Organization, UNESCO）、國際經濟合作發展組織（Organization for Economic Co-Operation and Development, OECD）所推動的國家政策計畫中。時值，國內《幼兒教育及照顧法》通過，幼托整合政策啟動之際，學前教保機構將由原有的幼稚園與托兒所整合為幼兒園。然而，在少子化與產業化的時空背景下，教保機構應該如何因應環境資源、提昇品質與發展特色呢？本書作者林佳芬助理教授，在文教產業相關課程教學中，嘗試以服務行銷理論為架構，介紹相關的研究方法與實作方式，並以學前教保機構為例，節錄其博士論文之相關文獻、調查結果與個案故事，融合了理論與實務，可作為相關領域教學、研究與實務之參考。本書的內容豐富詳實且章節體系分明，亦呈現出作者謙恭博覽且克盡職責的治學精神。本書即將付梓，欣以為序。

中國文化大學青少年兒童福利碩士學位學程主任

郭靜晃

2011 年 9 月 30 日

引言

全球化（Globalization）、本土化（Localization）與少子化（declining birth rate）是世界各大城市邁入 21 世紀的重要挑戰，如何因應社會環境的變遷，是各級產業競爭所必須克服的難題。在 20 世紀末，《遠東經濟評論》提出了「21 世紀是華人的世紀」一說，許多關注的目光投向了中國大陸、台灣、新加坡等華人居住城邦的產業競爭力與其人力資源。此際，三地華人城邦均已加入世界貿易組織（World Trade Organization, WTO），並通過「服務貿易總協定」（General Agreement on Trade in Services, GATS），其中即將文教服務視為無形商品，開啟了全球競爭的時代。

華人五千年的文明博大深遠，其文、醫、農、工、商等智慧亙古迄今。以商戰謀略為例，查閱文獻古籍所記載，華人先輩因應商業挑戰所展現的卓越市場行銷知能，應用於 21 世紀之當下亦是歷久不衰，足以為後代為鑑且自豪。最富盛名的文史學家——司馬遷，在《史記》之貨殖列傳中即記載幾項古人重要的市場行銷謀略：

孔子之門生子貢，以「結駟連騎，周流天下」作為其經商策略，進而確實掌握第一手市場情資，富甲一方。越國大夫范蠡提出「論其有餘不足，則知貴賤」，以物質的充足點來預測價格的高低。西漢冶鐵商人程鄭，推動「賈椎髻之民」的移地發展、創新經營觀點。戰國商人白圭的「人棄我取，人取我與」，提倡品牌商譽的仁道責任。

遂此，本書在文教產業服務行銷的理論實務分析中，將納入華人區域發展之相關背景，並以台北、香港、新加坡等三地學前教保機構為例。

目　次

Contents

第一章

綜論篇：

21 世紀的文教產業

壹、文教產業的現況與趨勢
貳、文教產業的類別、環境與競爭力
參、世界貿易組織對文教服務產業的定位

壹、文教產業的現況與趨勢

　　資訊科技打破了時間與空間的疆界，在各級產業進入全球化競爭的時代，文教產業亦在其中。然而，文教產業畢竟與一般商業是不同的，它包括了民族文化與語言、教育制度與法律、科技文明與發展等繁複的人文背景因素。它的流通並非只著眼在單純的買賣交易關係上，必須正視經濟強勢區域對於弱勢區域的文化殖民。這股反思的力量，形成了全球化與本土化對峙的觀點。在人類高度文明後，如何一起分享資訊科技傳播的便利，與保留各區域族裔民情發展的根源，文教產業被視為其間分野的關鍵要項。在近年的各國貿易合作關係中，亦重視到文教產業的職責與使命，並嘗試在全球化與本土化中取得平衡。放寬高等教育的流通與競爭，保留國民教育的民族性，已是國際共識。以下針對文教產業現況與趨勢（如圖 1-1 所示）進行論述。

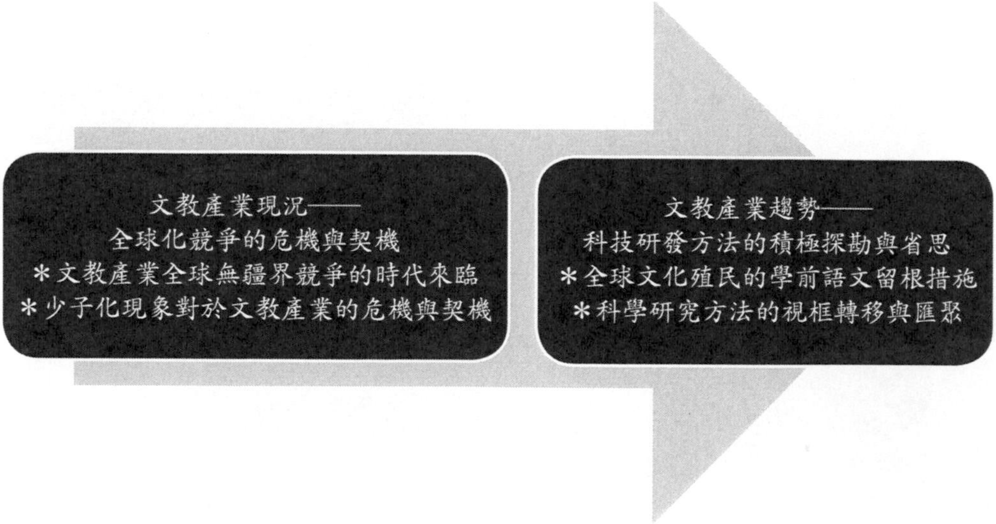

文教產業現況——
全球化競爭的危機與契機
＊文教產業全球無疆界競爭的時代來臨
＊少子化現象對於文教產業的危機與契機

文教產業趨勢——
科技研發方法的積極探勘與省思
＊全球文化殖民的學前語文留根措施
＊科學研究方法的視框轉移與匯聚

圖 1-1　文教產業現況與趨勢圖

一、文教產業之現況 —— 全球化競爭的危機與契機

隨著社會時勢的變遷，文教服務已由原本的國家認證導向，逐步走向產業市場選擇路徑。這是一個趨勢，在第二次世界大戰結束後，人類在休養生息過後，渴望人本尊重、精神解放與知識擴充。在科技文明的持續進展歷程中，國家與國家的相互依存度提高，國際的邊界愈來愈模糊，文化與教育相關產業的越境流動，經歷了跨國化、局部的國際化以及全球化等三個階段，形成了全球文化、生活方式、價值觀念、意識形態等精神力量的跨區域交流、碰撞、衝突與融合。文教機構在面臨無可避免的全球化競爭下，已瞭解到借鏡其他產業組織經營管理經驗的重要性，並逐步的學習如何發現契機、避免危機，以及化危機為轉機。

（一）文教產業全球無疆界競爭的時代來臨

文化教育是否可為產業？古今中外一直爭論不休。東方的儒家文化主張教育能培養賢德，如《禮記》之學記篇所言：「教也者，長善而救其失者也。」而西方中古世紀的神學信仰，則認為教育之成效在於人民能讀經、宣揚教義。由此可知，不論東方或西方的教育本質，均在於勸人為善之仁道。但是隨著教育制度的演進，以及相關人、事、物的變遷，獎優汰劣的生存競爭方式乃是無法避免的。其實，追溯東方的私塾制度與西方的家教制度，即有供給與需求雙向的市場選擇模式，可知文教服務事業並非新興領域，而是歷千古迄今。

然而，在時空尚未完全敞開的年代裡，文教服務工作肩負著鞏固族群文化繁衍的重責大任；隨著資訊科技的急速流通，以及國際自由貿易合約的簽訂，文教服務如同其他產業，失去了原本國家民族的保護與束縛。正當各國陸續加入 WTO，並遵行其下的「服務貿易總協定」（GATS）後，文教服務正式被規範為商品，必須面臨到全球產業市場的競爭。除了保留國家民族認同的國民教育階段外，其餘的各級文教服務工作均無法逃避這股來勢洶洶的潮流，文教服務正式步入產業經營的時代已經來臨。

　　華人主要居住城邦的中國大陸、香港、新加坡及台灣等地，亦於新世紀前後加入 WTO，這樣跨區域的商業競爭模式，對於華人民族的衝擊相較西方世界為甚。這主要係因華人傳承著傳統的儒道人文觀點，「文教工作」自古即定位為負載神聖使命的「個人志業」；在工業革命過後，轉型為傳授專業知識技能的「職業類別」；迄今，因應時勢變革成為圖求組織營運的「服務產業」。民族文化的根基，是華人城邦面臨文教產業競爭的雙面刃，如何在商戰中謹守仁道，化阻力為助力，正考驗著華人所經營的文教產業能否迎向全球化無疆界的競爭世紀。

（二）持續少子化現象對於文教產業的危機與契機

　　人類生育觀念受到整體環境影響，隨著現代化、工業化、都市化，資訊化的生活型態轉變，少子化是全球先進國家之共同現象，即將造成各階段教育就學人數萎縮，影響各級產業存續及國家總體經濟發展。首先衝擊的便是學前文教相關產業，其餘各階段文教相關產業亦會陸續面對市場需求人數銳減的挑戰。在家庭結構少子化及高度商業競爭下，導致相關產業機構的組織員額超額、關閉與退場等，這些失衡與失業所衍生的經濟及社會問題是一危機；但相形之下，學齡人口逐步下降所帶動的精緻化文教服務，亦可能是另一波產業經營的契機。

　　少子化的人口結構問題，迫使各級文教服務產業面臨嚴重的衝擊與挑戰，調整經營方向便是產業化危機為轉機的關鍵。文教產業的經營者必須從以往的「管理者」（manager）轉型為「領導者」（leader），被動消極者只能受隨著少子化所形成的「紅海」（red ocean）逐流，主動積極者則能提早洞察先機，找到「藍海」（blue ocean）航向。所以，在持續少子化的當下，文教服務產業所遭逢的是一場優質的競爭，是危機亦是契機。

二、文教產業之趨勢──科技研發方法的積極探勘與省思

　　如何探知文教產業趨勢？科學研究是主要的探究方式。在新世紀過後，面臨少子化與全球化的挑戰，文教機構除了國民教育階段受到政府的保護

外，多數產業必須要有自我研發的能力，才能在既有的基礎上突破與創新。科技研發方法的積極探勘，是現今文教產業的主要趨勢。揮別了上世紀科學研究方法的哲學論戰，現階段主張以多元觀點及不同的視角瞭解產業的生命週期、尋找策略方法，進而建立品牌形象以求永續發展。尤其是新資訊科技的引進部分，在經濟體穩健國家間幾乎同步摒除時空疆界，齊頭競爭；然而，弱勢國家區域則是出現了數位資訊傳遞的落差，甚或可能形成文教意識的資訊宰制。這股反省的力量，亦是另一趨勢思潮。

（一）全球文化殖民後的學前語文留根措施

文化殖民主義（cultural colonialism）是上世紀科技武力與民族文化抗衡的產物。被殖民國家雖在第二次世界大戰後已獨立，但在政治、經濟、社會文化至意識型態上，仍難揮別西方國家無形的宰制。藉由包括英語教學在內的知識建構方式等，持續影響著其它國家的生活方式和價值觀，而形成語文文化霸權議題。語言學者（Modiano, 2001; Phillipson, 1992; Skutnabb-Kangas & Cummins, 1988）亦指出，全球化英語學習背後所蘊含的語言帝國主義（linguistic imperialism），將導致英語和其它語言學習與延續上的不平等關係（structural and cultural inequalities）。這樣的反思力量逐步受到重視，於是以鞏固民族文化為主的本土化運動逐漸興起。

新世紀過後，國際的科技角力範疇不再是侵略或防禦武器，而是知識訊息的覆蓋與流通。於是，資訊殖民（information colonial）隨著全球化一躍而起，形成了全球文化殖民（globally cultural colonization）的新趨勢。跨國移民的人力流動、身分離散（diaspora）和文化混雜（hybridity），形成了全球資訊與文化疆域的重組與重劃。如何保有國家民族的根源？語言文化是重要媒介。幼兒是母語學習的關鍵時期，各國政府開始正視學前教育階段的語文留根政策，對於國家民族傳承與凝聚的重要性。

（二）科學研究方法的視框轉移與匯聚

20 世紀的科學研究有將近半世紀之久，處於實證典範量化研究與詮釋典

範質性研究的論戰中，彼此對立。質量論戰的依據為何？肇始於不同典範擁護者的研究哲學觀差異，量化研究者相信社會世界與物理世界一樣，具有客觀存在的社會事實，不因研究者的主觀認知或意義瞭解而改變其樣態和面貌，主張實證測量；質性研究者則相信，社會世界與物理世界不同，社會現象複雜多變，應該以對話、觀察或參與等方式，以探求其深入的詮釋意義。遂，量化研究常以實驗、調查、相關、事後回溯等傳統性研究方法為主，而質性研究則以田野研究、俗民誌研究、個案研究為主。

　　就在質量論戰的僵局中，澳洲教育學者 Evers 與 Lakomski（1991）率先提出自然融貫論（naturalistic coherentism），主張將質性研究與量化研究進行調和，揮別質量論戰，以建立新科學（new science）的研究方式。雖然他們的質量混合論點在 1990 年代備受挑剔與置疑，卻有效地引起不同領域研究群體的注目。直至 Johnson 與 Onwuegbuzie（2004）以學術論壇方式，公開發表〈混合方法研究：這類型的研究典範的時代已經到來〉（Mixed Methods Research: A Research Paradigm Whose Time Has Come）一文，和平結束長久以來典範論戰所造成的意識型態對峙。這樣的科學研究趨勢，轉移了各領域學門的研究視框與方法設計，文教產業亦不例外，必須匯聚宏觀與微觀性的全面性視野，探勘研究場域的相關資料與數據分析，以進行整合性研究。

貳、文教產業的類別、環境與競爭力

　　產業（industry）一詞，在不同的場合和不同的語言環境下，有不同的解釋。本書以廣義觀點，產業係指國民經濟的各行各業，包括生產、流通、服務，以至於文化教育等。以經濟學角度分析，Kotler 與 Armstrong（1996）認為，產業是由一群提供類似且可相互替換的產品或服務之公司所組成；林建山（1985）認為，依需求面而言，是指一群生產具有相互密切競爭關係的企業群；若依供給面而言，是指凡是採用類似生產技術之廠商群；余朝權（1994）認為，產業是指正在從事類似經營活動的一群企業之總稱。本書的定義為，產業為個別行業組織的聚集群體，這些群體可以是彼此平行的競爭

關係，亦可以是上、下游協力合作的關係。

一、文教產業之類別

文教產業的產出物包括了產品或服務，文教產品多為周邊相關教材、設備、媒體與場館等，文教服務則為直接提供服務的實體機構，包括學制內的正式學校機構與非學制內的一般學習機構。文教產品與文教服務是相輔相成的，可以滿足消費者在學習情境中的各種需求，亦可以提昇整個文教產業的創新研發契機。本書將文教產業類別，分成文教產品類與文教服務類兩種，如圖 1-2 所示。本書後文所舉案例，即以文教服務類之學前教保機構為例。

- 圖書教材出版
- 遊戲學習輔具
- 文教資訊傳播
- 藝文創作展覽

- 學前教保機構
- 正規學校機構
- 終身學習機構

圖 1-2　文教產業之類別

（一）文教產品類

1. 圖書教材出版：如一般書籍、教科書、教具、圖畫、E 化教材等。
2. 遊戲學習輔具：如實體遊戲學習設備、電子遊戲學習設備、特殊學習輔具等。

3. 文教資訊傳播：如活動企畫、資訊媒體、行銷公關等。

4. 藝文創作展覽：如藝文創作、場館展出等。

（二）文教服務類

1. 學前教保機構：如幼稚園、托兒所等。

2. 正規學校機構：如小學、中學、大學等。

3. 終身學習機構：如才藝班、技能班等。

二、文教產業環境型態

Porter（1980）將產業環境依產業之集中度、產業成熟度與國際競爭度之程度，區分成：分散型產業、新興型產業、變遷型產業、衰退型產業、全球型產業等，如表 1-1 所示。據此，分析文教產業目前的環境趨勢，國際合作契約簽訂是重要的關鍵因素，正處於變遷型與全球型產業環境中。其中，文教產品類由於多為私人經營，在不違反當地國家法律下自主性競爭，亦具有分散型產業的特質。文教服務類則因應資訊科技的創新，智能化產品與虛擬學習情境改變了傳統的需求模式，另具有新興型產業的特質。因此，目前文教產業的環境特性可以歸屬於分散競爭、變遷挑戰、新興需求、全球競爭等四種環境特質，處於一混沌狀態，亟需具備因應時勢及整合資源之創新知能。

三、文教產業競爭力

Porter（1980）認為，產業結構會影響產業之間的競爭強度，提出影響競爭及決定獨占強度的因素，可以歸納出五種力量，稱為五力分析架構，如圖 1-3 所示。這五種力量分別是：(1)新進入者的威脅；(2)供應商的議價能力；(3)購買者的議價能力；(4)替代品或服務的威脅；(5)既有競爭者與既有廠商的競爭程度。透過五種競爭力量的分析，有助於釐清企業所處的競爭環境，以瞭解產業中競爭的關鍵因素。五種競爭力除了能夠決定產業的獲利能力，並會影響產品的價格、成本及必要的投資，每一種競爭力的強弱，會決定產業結構、經濟及技術等。以下以文教產業為例，說明如下。

表 1-1　產業之環境類型

產業環境	產業特性
分散型產業	在此產業中有很多競爭者，沒有一個廠商有足夠的市場占有率能影響整個產業的演變。在此產業大部分為私人擁有之中小企業。
新興型產業	指一個剛剛成形或因技術創新、相對成本關係轉變、消費者出現新需求，或經濟、社會的變遷而導致轉型的產業。
變遷型產業	產業經過快速成長期進入比較緩和成長期，稱為成熟性產業，但可經由創新或其他方式促使產業內部廠商繼續成長而加以延緩。
衰退型產業	凡連續在一段相當長的時間內，單位銷售額呈現絕對下跌走勢的產業，而產業的衰退不能歸咎於營業週期或其他短期的不連續現象。
全球型產業	競爭者的策略地位，在主要地理區域或國際市場，都受其整體全球地位根本影響。

資料來源：Porter (1980: 5)

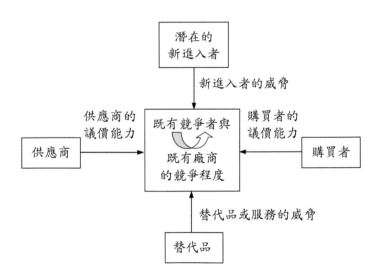

圖 1-3　產業競爭之五力分析

資料來源：Porter (1980: 6)

（一）新進入者的威脅

　　新進入之文教產業者會帶來新的產品服務供給，但是在全球新生人數沒有增加，且無創新的人群消費需求時，可能會攫取既有市場而壓縮價格，導致產業整體獲利下降。而新進入者也必須面對可能的障礙源，例如：(1)經濟規模；(2)專利保護；(3)產品差異化；(4)品牌知名度；(5)轉換成本；(6)資金需求；(7)環境區域；(8)政府政策等。

（二）供應商的議價能力

　　文教產業的上游供應商若運用了調高售價或降低品質等策略，對下游文教產業購買者施展議價能力，將形成供應商與購買者的力量消長，則有可能造成下列幾種情形，利弊不一：(1)由少數供應商主控市場；(2)對購買者而言，無適當替代品；(3)對供應商而言，購買者並非重要客戶；(4)供應商的產品成為購買者採購的關鍵要項；(5)供應商的產品對購買者而言，轉換成本極高；(6)供應商與購買者重新進行整合。

（三）購買者的議價能力

　　文教產業在購買策略上是設法壓低價格，爭取更高品質與更多服務，購買者必須有下列特性，才有機會對賣方有較強的議價能力：(1)購買者群體集中；(2)採購量很大；(3)所採購的是標準化產品；(4)轉換成本極少；(5)購買者易向後整合；(6)購買者的資訊充足。

（四）替代品或服務的威脅

　　文教產業同時和提供替代產品或服務等其他產業相互競爭，替代品的存在限制了一個產業的可能獲利，當替代品或服務在品質與價格上所提供的替代方案愈有利時，對產業利潤的威脅就愈大。替代品或服務的威脅來自於：(1)替代品有較低的相對價格；(2)替代品有較強的功能；(3)購買者面臨低轉換成本。

（五）既有競爭者與既有廠商的競爭程度

　　文教產業中現有的競爭模式常是運用價格戰、促銷戰及提昇服務品質等方式，當競爭行動對其他競爭者產生顯著影響時，極有可能招致還擊；若是這些競爭行為愈趨激烈，甚至採取若干極端措施，產業會陷入長期的低迷。同業競爭強度受到下列因素影響：(1)產業內存在眾多或勢均力敵的競爭對手；(2)產業成長的速度很慢；(3)高固定或庫存成本；(4)轉換成本高或缺乏差異化；(5)產能利用率的邊際貢獻高；(6)多變的競爭者；(7)高度的策略性風險；(8)高退出障礙。

參、世界貿易組織對文教服務產業的定位

　　以下依據世界貿易組織（World Trade Organization [WTO], 2007）與國內的國際貿易局（Bureau of Foreign Trade）（2007）之官方網站所呈列之有關資料，加以彙整分析。世界貿易組織成立於1995年，是現今最重要的國際經貿組織，亦是當今世界唯一具有跨地域性貿易規則之國際性組織。WTO的前身為「關稅暨貿易總協定」（The General Agreement on Tariffs and Trade, GATT），成立於1949年；WTO成立迄2005年9月，共計有148個會員，涵蓋了全球90%的貿易。中國大陸、香港、台灣、新加坡等華人主要城邦亦陸續於2002年之前加入WTO，其中文教服務產業化即是國際趨勢之一。本書將WTO對於文教服務產業定位的相關訊息，分析如下。

一、服務產業項目

　　WTO所制定的一套國際貿易規範，包括：貨品多邊貿易協定、服務貿易總協定、貿易有關智慧財產權協定、爭端解決規則與程序釋義瞭解書、貿易政策檢討機制、複邊貿易協定等六類。其中之一的「服務貿易總協定」（GATS），於1994年提出12項服務產業締結規範，這12項服務產業分別是：(1)商業服務（共42個服務項目）；(2)通訊服務（共22個服務項目）；

(3)建築和相關工程服務（共 5 個服務項目）；(4)行銷服務（共 5 個服務項目）；(5)教育服務（共 5 個服務項目）；(6)環境服務（共 4 個服務項目）；(7)金融服務（共 15 個服務項目）；(8)健康及社會服務（共 4 個服務項目）；(9)旅遊與旅行相關的服務（共 5 個服務項目）；(10)娛樂、文化和體育服務（共 4 個服務項目）；(11)運輸服務（共 32 個服務項目）；(12)其他未包括的服務等。

　　其中教育服務列為第五項，文化服務為第十項，屬於 GATS 其中的一部分，並且受到 GATS 若干條款的約束。文化教育為服務貿易所規範的項目內容，會受到 GATS 的約束，必須遵守 WTO 關於服務貿易自由、公平和開放等基本原則的承諾，同樣地也會使文教服務產業產生一定程度的衝擊。

二、文教服務方式

　　GATS 主要由本身條文、附則、承諾表等三部分組成，其主要條文的目的是為了說明服務貿易原則上應符合最惠國待遇之原則，各有關法規應符合透明化及公平性之要求，但是如果屬區域性經濟整合協定或基於公共道德或國防安全，則可排除。GATS 的第 1 條，即規定了服務貿易的提供方式，分別是跨境交付（cross-border supply of service）、境外消費（consumption abroad）、商業據點（commercial presence），以及自然人的流動（presence of natural persons）等四種方式，如下所述。

（一）跨境交付

　　意即一會員將其服務透過某一種途徑傳達到其他會員，向其他會員提供服務，例如：藉由網路教育、函授教育等遠距教學的形式提供教育服務，而其他會員的學生可以利用這些方式獲得國際認證的學位。教育服務原本就具有超越時空的特質，若在跨境交付的方式下，容易跨越國界，對其他國家的教育主權產生影響。尤其是文教科技發展具有優勢的已開發國家，憑藉其教育資源、課程設計、教學方式、文憑和學校教育制度等方面的吸引力，可能使得本來由國家部門掌控的教育主權產生實質變化。

（二）境外消費

在一會員境內對其他會員的消費者提供服務，一般指國內學生直接到國外學校去求學或參加培訓，境外消費的形式則有留學、人員互訪等，相關項目包括留學市場或公、私部門的教育展覽及代理機構等。其中美國、澳洲、德國、加拿大與英國等，皆為教育服務的出口大宗國家。

（三）商業據點

係指一會員的教育機構在其他會員地設立辦學機構或與其國內機構聯合辦學，在其他會員境內設立據點提供服務。最常見的方式即為「合作辦學」。

（四）自然人的流動

一會員的服務提供者以自然人的身分到其他會員境內提供服務，例如：會員國教師至會員地任教，或以個人身分參與教育服務。大多數對於自然人流動方式給予承諾的國家，也都是採取了有條件的承諾，包括師資條件與數量的限制與規範等。

三、文教服務貿易的主要規範

（一）最惠國待遇

GATS 第二部分屬於一般義務和紀律的規範，其中第 2 條是關於最惠國待遇的規定。一般義務和紀律的規範適用於所有 WTO 成員，而且其中的絕大部分也適用於包含文教服務在內的所有服務項目。而其第 2 條第 1 款規定，WTO 會員應立即且無條件地對來自其他會員之服務或服務提供者，提供不低於該會員給予其他國家相同服務或服務提供者之待遇。但是在第 2 款中關於最惠國豁免的規定，卻明白表示會員可以保留與最惠國待遇原則不相符的措施，各成員有權單獨決定在面對影響教育服務措施時，是否要提出最惠國待遇的豁免，使其可以保留與一般最惠國待遇原則不一致的措施。但為了防

止締約各方，以後作出條件更加苛刻的豁免要求，GATS 規定，未來任何有關非最惠國待遇的請求，只能通過 WTO 的豁免程序得到滿足。

（二）透明化原則

係指各會員對於和 GATS 運作有關的各項措施均必須透明化及公開化。任一會員皆對其他會員公開可能影響 GATS 運作的國際協定，為了確保資訊透明化及公開化，GATS 規定各會員必須向 WTO 相關單位提供資料，而且會員在 WTO 必須設立一個查詢單位（enquiring point），除負責通知的工作外，並進一步解答其他會員針對服務業所提出的各項疑問。

（三）增進開發中國家之參與

為了使開發中國家能夠積極參與 WTO，在 GATS 的第 4 條第 1 款列舉了一些措施：(1)經由商業基礎取得技術，強化其國內服務能力，以及其效率與競爭力；(2)改進其獲得行銷管道與資訊網路之機會；(3)將有利於其出口的行業及供給方式之市場開放予以自由化。

（四）特定承諾義務的規定

特定承諾屬於 GATS 的第三部分，特定承諾義務指的是當會員做出特定承諾及開放後，必須履行承諾的約束力，而這些承諾若有修改或撤銷的必要時，則必須經過談判的程序。特定承諾包含市場開放、國民待遇及額外承諾，以下分述之。

1. 市場開放

有關市場開放的規定在 GATS 的第 16 條第 1 款中即載明：「關於經由第 1 條所定義之供給方式之市場開放，各會員提供給所有其他會員之服務業及服務供給者之待遇，不得低於其已同意，並載明於其承諾表內之內容、限制及條件。」

2. 國民待遇

國民待遇是GATS第三部分第17條的規定，其內容主要在於說明對承諾表上所列之行業，及依照表上所陳述之條件及資格，就有關影響服務供給之所有措施，會員給予其他會員其服務或服務提供者的待遇，不得低於其給予本國類似服務或服務提供者之待遇。

3. 額外承諾

GATS 第三部分的最後一個條款是第 18 條的額外承諾，其內容規定了WTO 成員還可以就影響服務貿易的其他措施談判附加承諾，比如有關資格要求、技術標準和許可條件的承諾等。

4. 特定承諾表

在GATS的第 20 條中規定了特定承諾表內容所載明的事項，包括：市場開放之內容、限制及條件；國民待遇之條件及資格；關於額外承諾之採行；有實施承諾之時間表者，其時間表包含承諾生效日期等。依據各會員在各個項目所做出的承諾，特定承諾表明確的表示出承諾開放的市場內容、時程安排、開放範圍及開放程度等，也就是具體列出明確的義務範圍。

綜合上述，在加入 WTO 時所必須遵守的 GATS 規範，已經明確的將文教服務歸類於服務產業，會員必須瞭解文教服務如同其他服務產業，可以經由市場的自由貿易競爭，並須提供其他會員與本地競爭者一樣的公平競爭環境和機會。分析 GATS 對於教育服務承諾的規範可以得知，凡在開放教育市場協議上簽字認可的國家，均願意開放辦學權利，逐步取消限制性的教育法規，並且開放教育市場。而且凡是承諾開放教育市場的國家，除了政府徹底資助的教育活動外，凡收取學費、帶有商業性質的教育活動等，均屬於教育服務貿易範疇，所有 WTO 成員都有權參與教育服務的商業競爭。是故，會員地區之學前文教產業若並非如同國民教育是由政府徹底資助，在 GATS 的規範下，凡是簽字認可開放教育市場之會員，都必須放寬其原本的教育法規政策之保護，各級文教產業即必須面對來勢洶洶的全球性競爭或合作。

第二章

學理篇：

文教產業服務行銷學理

壹、行銷之起源、定義與演進

貳、文教產業服務行銷理論架構

參、文教產業服務行銷執行方式

　　文教產業包括產品類與服務類，由於製造業與服務業之學理與實務有所差異，本書選擇以華人學前教保機構為例，係屬於文教服務類。在此論述文教產業服務行銷學理，依序包括行銷之定義、文教產業服務行銷理論架構、文教產業服務行銷執行方式等內容。

壹、行銷之起源、定義與演進

　　行銷的學理概念其實早於以西方文明為主的現代社會科學，在數千年前的中國歷史文獻中，於春秋戰國時期即有相關史料記載之。

一、行銷的起源

　　西漢文史學家司馬遷在其著作《史記》貨殖列傳及《平准書》中，即記載許多華人先輩在商業經營上的行銷管理智謀，茲列舉相關案例如下。

（一）市場調查

　　《史記》：「子貢既學於仲尼，退而仕於衛，廢著鬻財於曹、魯之間，七十子之徒，賜最為饒益。……。子貢結駟連騎，束帛之幣以聘享諸侯，所至，國君無不分庭與之抗禮。夫使孔子名布揚於天下者，子貢先後之也。此所謂得執而益彰者乎？」

　　分析其典故，即瞭解孔子之門生子貢，以「結駟連騎，周流天下」作為其經商之策，除了資助孔子周遊列國，也實際探訪各地物資民情，確實掌握第一手市場情資，富甲一方。進而由商業成功經驗轉任官職仕途，締結了政治、商業、學術等三方的聲譽與關係網絡。

（二）供需議價

　　《史記》：「昔者越王句踐困於會稽之上，乃用范蠡、計然。……則農末俱利，平糶齊物，關市不乏，治國之道也。積著之理，務完物，無息幣。以物相貿易，腐敗而食之貨勿留，無敢居貴。論其有餘不足，則知貴賤。貴

上極則反賤，賤下極則反貴。貴出如糞土，賤取如珠玉。財幣欲其行如流水。」

分析其典故，越王勾踐被圍困在會稽山上，重用范蠡、計然的謀略，以求興國。計然提出糧食農作與商業價格必須供需均衡的論點，認為商人受損失，錢財無法流通到社會；農民受損害，田地就要荒蕪。糧食平價出售並調整物價，才能穩定市場供應與政府稅收。瞭解供應與需求，即能預測物價漲跌。物價貴到極點，就會返歸於低，要及時賣出，視同糞土；物價低到極點，就要返歸於貴，要及時購進，視同珠寶。由此可知，越國的治國經商策略——「論其有餘不足，則知貴賤」，重視透過市場的供需調查，有助於分析貨物數量飽和點，以預測價格的高低。

（三）創新商機

《史記》：「蜀卓氏之先，趙人也，用鐵冶富。秦破趙，遷卓氏。卓氏見虜略，獨夫妻推輦，行詣遷處……乃求遠遷。致之臨邛，大喜，即鐵山鼓鑄，運籌策，傾滇蜀之民，富至僮千人。……程鄭，山東遷虜也，亦冶鑄，賈椎髻之民，富埒卓氏，俱居臨邛。」

分析其典故，蜀地的臨邛位於西南偏遠地方。在戰亂遷徙的時代裡，卓氏夫婦分析風土民情，選擇了大家不願遷徙的遠方——臨邛，並將祖先趙國的冶鐵技術帶入當地，生活富裕如同君王。瞭解此地為創新商機之寶地者，還有由東邊被貶抑流放來到臨邛的程鄭。他在被迫遷移的困境下，發現梳著椎髻的少數民族仍以原始方式農耕，遂以鐵製農具與其買賣交易，成功的開拓了新市場，並逆轉了原本的生涯末路。以「賈椎髻之民」的敏銳觀察力，創新耕作方式，讓臨邛成為市場新藍海。

（四）品牌形象

《史記》：「白圭，周人也。當魏文侯時，李克務盡地力，而白圭樂觀時變，故人棄我取，人取我與。……欲長錢，取下穀；長石門，取上種。能薄飲食，忍嗜欲，節衣服，與用事僮僕同苦樂，趨時若猛獸摯鳥之發。……

是故其智不足與權變，勇不足以決斷，仁不能以取予，彊不能有所守，雖欲學吾術，終不告之矣。」

分析其典故，白圭喜歡觀察市場行情和年景豐歉的變化。穀物成熟時，他買進糧食，出售絲、漆；蠶繭結成時，他買進絹帛綿絮，出售糧食。他不講究吃喝，控制嗜好，節省穿戴，與雇用的奴僕同甘共苦。他的經商謀略為「與時俯仰，應時而變」，反對商人所盛行的囤積待價，宣揚「人棄我取，人取我與」之仁道，既順應了時勢變化並滿足了供需雙方，也樹立良好的品牌商譽。

由上述的行銷經營策略：蒐集市場情資、瞭解供需飽和及價格預測、開闢新市場、因應時勢並建立品牌商譽等，可以探知華人先輩在面對產業競爭時所展現的市場行銷智謀與藝術，不但呼應了當今所風靡的行銷學理，亦顯示了華人應變時局由古至今所傳遞的民族韌性。

二、行銷的定義

行銷之正式定義，由美國行銷學會（American Marketing Association, AMA）在 1985 年提出：「行銷乃是一種分析、規劃、執行及控制的一連串過程，藉此程序以制訂產品或服務的內容、訂價、促銷與配銷等決策，進而滿足個人和組織目標。」而後，學者 Kotler 與 Armstrong（1996）則認為，行銷應該兼顧合理利潤與顧客滿意度，因此將行銷定義為：「藉由交換產品和價值，而讓個人與群體滿足其需要和慾望的社會性行為和管理程序。」接續，Drucker（1993）指出，行銷的目的是為了讓銷售成為多餘，「行銷的重點在於充分地認識及瞭解顧客，俾使產品或服務能適合顧客，並自行銷售它自己」。

而行銷「marketing」之中文譯名，早期稱為「市場學」，因為容易和市場（market）混淆，後來國內學者多數譯為「行銷」，以往不明白行銷學理意涵者會認為，行銷只不過是「銷售」或「促銷」；其實，銷售、促銷僅是行銷的一小部分，行銷是一種為滿足人類的需求與欲求所從事的市場分析過

程，其意義非僅是一般「銷售」或「市場」所能涵蓋。「行銷」從字面上看，「行」是推動、協助，「銷」是指買賣的活動，「行銷」是指為了協助「銷售」活動所採用的各種銷售前和銷售後的方法（林佳芬，2007；許長田，1998；郭振鶴，1991；曾光華，2000）。

綜合上述論述，可知行銷活動本身是一種「交換」（exchange）行為，不僅限於有形的財貨交換，也包含了無形的理念或服務的交換；且行銷歷程兼具社會性和管理性，個人和群體藉此可以交換產品、價值，以滿足其需求與慾望。據此，本書將行銷定義為：「行銷起始於潛在顧客需求，企圖預測人們的需求，來決定所需開發的產品及服務，其中應用了包括調查、分析預測、產品設計、包裝、定價、信用、收款、運輸、倉儲、廣告、交易技術、銷售策略、售後保證及服務，甚至回收政策等程序策略，為一種擴大及滿足社會各階層人士對商品或服務需求的人類活動。」

以下將中外相關學者對於行銷的定義要項，彙整如表2-1所示。

表2-1 行銷要項之摘要表

要項	主要理念
行銷本質	是一種自願性的價值交換行為
行銷內容	包括有形或無形的理念、財貨、價值及服務等
行銷目的	在尋找並滿足顧客潛在需求，以達成個人及組織目標
行銷活動	是運用調查、分析、預測、產品、定價、推廣、配銷交易，來發掘、擴大及滿足大眾對商品或服務需求的一系列活動

資料來源：林佳芬（2007）

三、行銷的演進

行銷觀念的演進歷經三個重要時期，分別為「生產導向時期」（1900～1930年）、「銷售導向時期」（1930～1950年），以及「顧客導向時期」（1950年以後）。隨著時代脈絡演進，行銷演進歷程也變得豐富且緊湊，依序有生產導向、產品導向、銷售導向、顧客導向、策略行銷導向、社

會行銷導向、全方位行銷導向、置入式行銷導向、關係行銷導向，以及感動行銷導向等進展（方世榮，2003；林佳芬，2007；林建煌，2002；洪順慶，2003；郭振鶴，1991；黃俊英，2000；Berry & Parasuraman, 1991; Kotler, 2000; Kotler & Armstrong, 1996; Levitt, 1972）。以下以文教產業為例，論述行銷的演進歷程。

（一）生產導向

此時期正值歐洲工業革命，造成龐大的市場需求，此時的行銷尚停留在傳統的「生產觀念」（production concept）。生產導向時期的經濟供需，通常是需求超過於供應，消費者重量不重質，廠商只要能產出產品，就能夠找到市場。所以銷售人員不需要做市場分析，也不需要瞭解消費者的需求，就可以把產品銷售出去，採取「大量生產與大量分配」的經營策略。相對應於此時期的文教產業，只能由生產方單向的設想如何提供相關的產品與服務，未能針對所生產的內容提擬出針對特定顧客族群的銷售方式。直至新的競爭者進入，此種行銷理念才逐漸走向下個階段。

（二）產品導向

由於前期大量生產結果，造成產品囤積；此時期新增了「產品觀念」（product concept），瞭解到消費者會進行產品的比較與評價，喜歡高品質、高表現及高特徵的產品。這個時期文教產業間的相互競爭，著重在產品與服務的改良，認為高品質就可以擁有高市場占有率，卻陷入較好產品戰略短視的行銷迷思。因此，學者 Levitt（1972）將「產品導向」視為患有「行銷近視病」（marketing myopia）。

（三）銷售導向

此階段著重在「銷售觀念」（selling concept）的經營哲學，假定消費者具有購買惰性，不會主動購物，產品必須透過銷售人員運用宣傳技倆加以誘導、說服或推銷來刺激購買。因此，此時期的文教產業重視內部銷售人員的

管理與訓練，強調以推銷和廣告來締造銷售業績，卻忽略了消費者真正的需求，容易形成消費者的負面印象，亦讓產業陷入銷售停滯的困境。

（四）顧客導向

1950 年以後，消費者的商品辨識能力增強，愈能滿足消費者需求的產品愈能創造業績，此即為「顧客導向時期」。此階段，已具備「行銷觀念」（marketing concept），企圖探索消費者的需要，以設計合適的產品及服務。文教產業亦以滿足顧客需求，以贏得顧客的尊重、信賴與喜愛作為經營使命。但是，隨著競爭導向觀念的出現，這種只提供消費者需要，卻忽略競爭者因素的哲學觀念，並不能解決所有的行銷問題。

（五）策略行銷導向

「策略行銷觀念」（strategic marketing concept）的經營哲學，不僅兼顧消費者需求，亦強調競爭的重要性。主張知己知彼的相互瞭解與比較，以找尋與發揮公司本身持久性的競爭優勢。因此，此階段的文教產業行銷，重視行銷的整體策略與規劃，包括與上下游產業進行整併或合作，積極尋找策略聯盟的對象。

（六）社會行銷導向

社會學家有鑑於行銷觀念的過度使用，造成社會公害及破壞自然生態等，提出了「社會行銷觀念」（societal marketing concept）的經營哲學。此時期的文教產業瞭解到應於社會責任與顧客需求二者間力求平衡，負擔起生態環境保護、社會公益贊助與社會道德重振的責任，並同時兼顧到滿足顧客需求、謀求產業利潤與維護社會利益的目標。

（七）全方位行銷導向

Kotler（2000）提出「全方位行銷」的觀念，認為行銷的任務在於發展出和時空背景相融合的產品、服務或特殊經驗，以符合個別顧客的需求。全

方位行銷藉由擴大顧客占有率，激發顧客忠誠度，以達到獲利成長的目的，例如：文教服務機構提供相關商品購物街的設施，或是文教產品的銷售內含在宅教學服務等。

（八）置入式行銷導向

「置入式行銷」意即將產品或品牌帶入生活型態的情境，試圖在消費者不經意、低涉入的情況下，建構下意識知覺（subliminal perception），在不知不覺中呈現，同時達到行銷目的，例如：兒童文教雜誌刊物報導某一教育機構，此一教育機構即獲得非正式的宣傳效果。

（九）關係行銷導向

關係行銷是以個別顧客和消費者為基礎，蒐集有關顧客的資料，建立顧客資料庫，透過資訊科技與資料庫行銷，提供個別化的產品和服務，公司與顧客建立長期的關係，例如：文教服務機構可藉由校友組織，進而贏得校友與未來學生的認同、信賴與忠誠。

（十）「感動行銷」與「幸福行銷」導向

是近期流行的行銷觀念，希望透過更高品質、更具吸引力的促銷贈品或更周到的體驗服務來感動顧客，讓顧客感到幸福與意外的滿足。這亦是目前文教產業行銷發展的新趨勢。

貳、文教產業服務行銷理論架構

由上述關於 WTO 之下的 GATS 文獻得知，文教產業已歸類為服務產業之一。以下針對服務的定義、服務產業的特性、文教服務行銷系統，加以說明。

一、服務的定義

服務（service）是服務行銷（service marketing）的本質，因此要瞭解服務行銷，就必須先對服務的定義及其特性有相當的瞭解。「服務」顧名思義就是幫別人的忙，在早期的行銷活動中，服務常被視為銷售者所提供的「免費好處」。但隨著服務業的蓬勃發展，「服務」已漸成為獲取利潤的「商品」。美國行銷學會（AMA）於 1960 年為服務所下的定義：純為銷售或配合貨品銷售而被提供的各種活動、利益或滿足（吳慧珠，2001）。而 Bessem（1973）則以消費者的觀點指出，服務為可供銷售，以提供有價值的利益及滿足的任何活動，而此活動為消費者本身無法或不想自己去實行的活動。學者Dutka（1994）則從顧客滿意的觀點來探討，認為服務應該是真誠（Sincerity）、同理心（Empathy）、值得信賴（Reliability）、有價值感（Value）、彼此互動（Interaction）、完美演出（Completeness）、充分授權（Empowerment），如表 2-2 所示。

表 2-2　服務的定義

服務	定義
S	Sincerity：真誠（禮儀）
E	Empathy：同理心（站在對方立場）
R	Reliability：值得信賴（擁有專業知能）
V	Value：有價值感（符合顧客期待）
I	Interaction：彼此互動（好的溝通技能）
C	Completeness：完美演出（最佳服務）
E	Empowerment：充分授權（及時處理）

資料來源：Dutka (1994: 26)

二、服務產業的特性

產品與服務之間究竟有何不同？這些爭論引導出服務的四個特性，並以

此區別服務與產品的不同（Edgett & Jones, 1991），彙整如表 2-3 所示。Regan（1963）是最早對服務特性提出說明的學者，他認為服務與一般實體產品相較，有四個不同的特徵，即無形性（Intangility）、不可分割性（Simultaneity）、異質性（Heterogeneity），以及易逝性（Pershability）。

表 2-3　服務與產品差異比較表

文教產品： 圖書教材、學習輔具、資訊傳播、藝文展覽等	文教服務： 學前教保、正規學校、終身學習等
有形性 ＊產品有具體外觀 ＊多可申請專利保護 ＊定價清楚	無形性 ＊服務無具體形狀，購買前不易知道購買結果 ＊不易受專利保護 ＊定價困難
可分割性 ＊產品的設計、製造、銷售多可分別處理 ＊員工對於產品影響有其參與範圍 ＊產品可以大量生產	不可分割性 ＊服務的產生，係由顧客參與生產的過程 ＊員工對服務績效的影響很大 ＊服務較難大量生產
標準化 ＊產品能夠標準化製作 ＊產品品質穩定	變動性（異質性） ＊不易確定服務的傳遞是否符合原定水準 ＊服務品質受許多不易控制變數所影響
可儲存性 ＊產品可儲存 ＊產品可退貨或再售	易逝性（不可儲存性） ＊服務的供需很難協調一致 ＊服務不能退貨或再售

資料來源：作者整理

（一）無形性

　　無形性是最常被討論的服務特性。服務是一項執行的活動，它不同於實體商品的具體有形，消費者很難預知服務的品質與服務的結果。服務的本質是無形的，它無法被接觸到、嚐到、聞到，或者是看到。且由於它在實體上

的無形，造成服務比較不容易被記憶（Dearden, 1978）。以文教機構所提供的服務為例，無形服務是一種經驗，學習者並不能真正擁有它，亦難以評價，這使服務的定價過程變得相當複雜。因為學習者不容易使用貨幣價值來衡量服務，傳統的成本定價法運用在服務上是很困難的。

（二）不可分割性

服務是生產與消費同時發生，服務被產生時消費者也在場，相較於產品而言，難以大量生產，且具有無法分割性（Edgett & Jones, 1991）。Kotler（2000）指出，服務的生產與消費是同時進行，這與實體產品必須經由製造、儲存、配售、銷售，最後才得以消費的程序是不同的。因此，正在接受或等待服務的顧客都會介入服務流程，顧客與服務人員以及顧客間會互相影響，而導致服務品質不易控制（Lovelock, 1996）。以文教服務機構為例，服務的提供者是教師及其相關行政人員，而服務者也是該項服務的一部分，服務產生相向的互動關係，教學者與學習者雙方都會影響到服務的結果。

（三）異質性

服務具有高度的多變性，會受到時間、地點與提供者的不同，而影響服務的結果。一般有形商品在生產製造時，可以將生產流程予以標準化。然而服務是由人來執行與提供，因此在傳遞的過程中無可避免地會牽涉到人性因素，使得服務不易維持一致的品質。而 Levitt（1986）則認為，品質的波動通常與服務人員的經驗有密切的關係。服務的異質性，將使消費者面臨較高的知覺風險，可藉由控制服務接觸來縮小異質性對服務的影響。Bitner（1990）提倡在原有的 4P 行銷策略中加入「參與」（participants）以及「流程」（process）兩項，以強調建立一致性服務系統的重要性。以文教服務機構為例，即使是相同的教學者以固定的教學方式與流程，在不同的時間、不同的地點、不同的受教對象，或不同的情緒下，均難以完全掌控學習成果的一致性。

（四）易逝性

服務不像實體商品可以保存，服務一旦被生產出來，沒有被消費就會立刻消逝。服務的易逝性意味著服務是無法儲存供日後使用，因此，服務一旦被生產就必須馬上被消費掉。Rushton 與 Carson（1989）為易逝性下了一個定義：服務無法在需求前被生產，也無法事先儲存起來在需要時再拿出來使用。以文教服務機構為例，學習成效難以保存的這項特色，將會影響到教學服務的方式與評價。

三、文教服務行銷系統

文教服務行銷系統包括了服務內容與行銷架構，以下論述之。

（一）文教服務內容

由於服務本身與實體產品不同，且具有上述所提之無形性、異質性、不可分割性與易逝性等特質，中外學者均曾論述產品的內容層次分析。行銷學者 Kotler（2000）以市場需求為主，提出產品的五個層次分類，包括了核心利益、一般產品、期望產品、擴張產品，以及潛力產品等五個層次；而國內學者鄭華清（2003）則以消費者需求為主，提出產品的三個層次分類，包括了核心產品、附屬產品、擴增產品等三層；據此，作者針對文教服務性質，將其分成四個層次：包括了核心服務、附屬服務、擴增服務、潛在服務，由核心服務向外擴展，如圖 2-1 所示。

1. 核心服務

核心服務為顧客購買服務之主要因素，亦是所有服務內容之中心點。以學前教保服務機構為例，教保機構的主要核心服務即為幼兒的學習活動，其常見的模式有：主題式、角落式、方案式、蒙特梭利式、華德福式……等。

2. 附屬服務

附屬服務為附帶在核心服務之後的服務內容。以學前教保機構為例，即

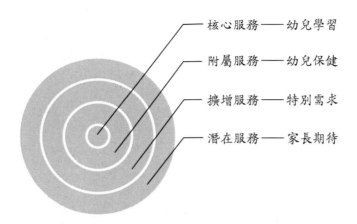

核心服務 —— 幼兒學習
附屬服務 —— 幼兒保健
擴增服務 —— 特別需求
潛在服務 —— 家長期待

圖 2-1　服務內容的四個層次分類：以學前教保機構為例

資料來源：林佳芬（2007）

為附屬在核心服務後的重要相關服務，例如：健康、營養、安全、作息等之保健與照顧服務。

3. 擴增服務

　　擴增服務即為核心服務與附屬服務以外，提供顧客特別需求所額外補充之服務內容。在學前教保機構中，針對幼兒家長特別需求所設計的擴增服務，例如：才藝課程、語言（母語方言、雙語或多語課程）、特殊教育……等。

4. 潛在服務

　　潛在服務即為上述核心服務、附屬服務、擴增服務等層面之外，提供消費者能滿足其內在所渴望的潛在需求，例如：學前教保機構瞭解家長對於其各種服務內容的疑慮，可以透過機構的遠距視訊傳輸服務，在家中或辦公室看到幼兒的學習情形等，以滿足家長需要服務透明化的需求。

（二）文教服務行銷架構

　　自從學者Thomas（1978）對服務行銷的概念提出了一個「服務金三角」

的服務行銷架構之後（如圖 2-2 所示），很多的學者即據此三構面展開後續的研究。服務行銷金三角說明了服務業在內部行銷（Intermal Marketing）、外部行銷（External Marketing）、互動行銷（Interactive Marketing）等方面的關係與理論（Kotler, 2000）。

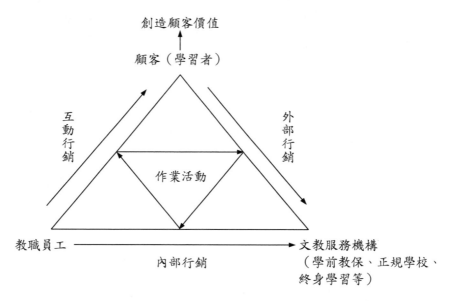

圖 2-2　服務行銷金三角架構圖

資料來源：修改自 Thomas (1978: 160)

1. 外部行銷

　　外部行銷，係指產業主體與顧客間的所有溝通，包括訊息傳遞的管道、員工所表現的服務態度等，也包括實務上執行的工作，如服務、定價、通路及促銷活動等。故，文教服務產業的外部行銷與經營策略是相呼應的，它的任務是去影響顧客對服務商品的「期待」，促發顧客選擇其教育服務的動機；而文教服務機構必須針對服務、價格、地點、宣傳活動及其他物的要素，做出最佳的組合，策劃出可以形成特有優勢的策略，以進行外部行銷。

2. 內部行銷

內部行銷，即產業主體對員工的教育訓練、士氣的激勵及潛能的開發，以培養員工的專業能力，並使其能提供最佳的服務品質。Joseph（1996）指出，內部行銷的觀念應用到行銷及人力資源管理，結合了理論、技術與原理。因此應用於文教服務產業時，內部行銷必須包含有效的訓練、激勵教職員工，並成立支援服務幕僚，創造內部共趨的願景目標，而形成高效能的工作團隊，並宣導顧客導向的服務知能。國內學者黃深勳、曹勝雄、王昭正、陳建和、許雅智（1999）針對內部行銷的部分，提出其基本要件之建議：人才優秀、目標明確、健全組織、團隊默契、獎賞客觀、充分參與、良性溝通、同工同酬、人性管理、持續進修等。

3. 互動行銷

互動行銷，係指顧客與服務人員之間的互相作用，亦即所謂的「服務接觸」（service encounter）領域。Zeithaml 與 Bitner（1996）將互動行銷以另一名稱來稱呼：「真實時刻行銷」，意即互動行銷為實際服務產生之處，亦是公司員工與顧客直接發生互動的地方，更是一個公司實現其承諾的時間點。互動行銷的成敗決定於與顧客接觸之時，亦稱為「關鍵時刻」。從顧客的觀點來說：互動行銷就是履行承諾。因此文教服務機構的互動行銷，即是顧客──學習者（未成年者，受限於經濟消費能力，包括學生家長），經由與機構之教職員工接觸互動來體驗，評估原本服務機構的承諾是否真實，此驗證的過程與結果即提供了互動行銷的機會。

事實上，內部行銷及外部行銷的績效取決於互動行銷的結果表現。國內學者黃深勳等人（1999）針對互動行銷的部分，提出其基本要件之建議：笑顏常開、態度謙誠、應對得體、動作敏捷、儀表端正、熱心主動、熟悉業務、伺機行動、信心耐心、顧客至上。

參、文教產業服務行銷執行方式

一、服務行銷之環境分析

　　文教產業之服務行銷，主要係依據上述服務行銷金三角之架構為主體，因應產業內外部環境條件，進行目標市場的區隔定位，以選取適合的行銷策略組合。一般常用的環境分析方法有SWOT分析，係指瞭解內部環境經營條件的優勢（Strengths）、劣勢（Weaknesses），與外部環境市場競爭的機會（Opportunities）、威脅（Threats）。

　　此理論最早是由學者 Steiner 在 1965 年所提出，希望提供系統性的分析觀點，以協助產業明瞭過去、現在與未來的發展方向（Steiner, 1977, 1979）。接續，Weihrich（1982）提出 SWOT 矩陣，並以二乘二方式區分成四種策略模式，分別為 SO 策略（利用優勢—把握機會）、ST 策略（利用優勢—減少威脅）、WO 策略（減少劣勢—把握機會）、WT 策略（減少劣勢—減少威脅），如表 2-4 所示。

表 2-4　SWOT 分析矩陣表

SWOT 分析矩陣		內部環境	
		優勢（S）	劣勢（W）
外部環境	機會（O）	SO 策略	WO 策略
	威脅（T）	ST 策略	WT 策略

資料來源：Weihrich (1982)

二、服務行銷之目標定向

　　一般常用的服務行銷目標定向即為STP（Segmenting：區隔，Targeting：目標，Positioning：定位），以此進行目標市場的區隔定位。STP 目標定向的主要論點是由 Kotler 與 Fox（1994）提出的建議，主張先進行市場區隔、

選擇目標市場，再提出市場定位，茲說明如下。

（一）市場區隔

市場區隔，係指將一個大型且多樣化的市場，切割成具有共同特性的個別小型部分市場。以文教產業服務為例，將學習者市場依據年齡，區隔成幼兒、學童、青少年、成年、老年等；或依據學習者族裔，區隔成華人、非華人等。

市場區隔的要件有下列數項：

1. **同質性／異質性**：所區隔的同一市場內具有同質性者，其顧客對行銷活動有著相似的反應；不同市場間具有異質性者，則涵蓋各不相同的顧客群。

2. **獨特性**：區隔市場的顧客都具有其獨特性，市場區隔得愈細膩，各個次要市場愈具有獨特性。

3. **可接近性**：是指採用區隔變數可以實際接觸到的市場，例如：性別、年齡、所得、教育、地理區域、生活形態等變數，區隔出有意義的市場。

（二）目標市場

大市場經過區隔後，針對每一個區隔市場進行評估分析，然後選定一個或數個合適之市場做為目標市場，例如：在學前教保服務之市場區隔中，選擇城市家庭幼兒作為目標市場。所以，目標市場即是指產品服務所要訴求，或是產業所要服務的顧客群。一般而言，產業在作目標市場選擇時，有下列三種策略：

1. **無差異行銷**：又稱大眾市場策略，意指將整個市場視為潛在客戶，並僅以一套行銷組合去滿足所有顧客的需要之策略，例如：學前教保服務機構以一般幼兒為對象，無差異化。

2. **差異化行銷**：差異化行銷是針對不同的市場區隔，發展出不同的行銷組合，例如：學前教保服務機構推出全日、半日與假日教保服務方

案，並分別針對這些服務方案規劃不同的行銷方式，以吸引不同需求的家庭。

3. **集中行銷**：集中行銷乃指產業集中所有的努力，專注於單一市場區隔所採取的行銷方案，例如：某學前教保服務機構的單一市場區隔為華語教學，其行銷方式即集中於想要學習華語的幼兒。

（三）市場定位

市場定位，係指產品服務在目標顧客心目中所占之價值地位，即產品服務在選定的目標市場後，依據行銷組合方式，建立該產品服務在市場上之競爭地位。

三、服務行銷之施行程序

行銷策略的程序，學界的劃分階段不一，無論是三階段或五至六階段，其核心理念是相同的，只是過程歸類步驟劃分不同。

（一）三階段程序

確定目標市場、擬定行銷組合、擬定競爭策略（余朝權，2001）；行銷規劃、行銷執行、行銷控制（曾光華，2000）。

（二）五階段程序

分析市場機會、選擇目標市場及定位、設計行銷策略、規劃行銷方案、組織、執行並控制行銷力（方世榮，2003；郭振鶴，1991）。

（三）六階段程序

分析市場機會、選定目標市場、確定競爭定位、發展行銷系統架構、擬定行銷計畫、執行及控制（許長田，1998）。

四、服務行銷之策略組合

行銷策略之組合方式，有一般產業所提出之「4P」策略組合、「4C」策略組合、「4P ＋ 4C」策略組合，以及針對服務業所主張的「7P」策略組合等。其中，文教服務產業即以「7P」方式擬定行銷策略組合。

（一）「4P」策略組合

Kotler 與 McCarthy 首先在 1950 年代末提出了行銷 4P 理論，提出產品（Product）、價格（Price）、通路（Place）、推廣（Promotion）等四個主要因素。行銷的中心問題在於行銷策略，即選擇最適當的組合來達成對行銷目標的最大貢獻。McCarthy（1981）將這些工具分成四類，並稱為 4P，如圖 2-3 所示。茲介紹 4P 策略組合之要素如下。

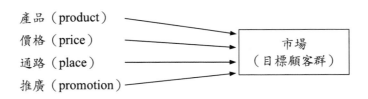

產品（product）
價格（price）
通路（place）
推廣（promotion）

市場
（目標顧客群）

圖 2-3　4P 策略圖

資料來源：McCarthy (1981: 23)

1. 第一個 P：產品

最基本的行銷組合工具是產品，包括：產品的品質、設計、特色、品牌、與包裝。商品策略主要是設計出能滿足顧客需求的商品，替顧客尋找他所真正需要的東西，以獲得提昇商品附加價值的利益。

2. 第二個 P：價格

產品價格需考慮產品在不同階段生命週期中，必定會與其他的產品相互競爭。所以，最佳的定價策略需針對各個競爭階段——導入期、快速及慢速成長期、成熟期、衰退期，擬定不同的價格策略。

3. 第三個 P：通路

通路是指能提供給目標顧客易於購得及使用的各種管道，包括銷售方式與地點等。首先要從正確的銷售預測開始，把握暢銷商品、熱賣品、促銷品或主力商品的特性及其周轉程度，決定其庫存數量以維持產銷平衡。另外，也要把握顧客的採購特性，分別針對不同類型的顧客，來擬定不同的契約內容。

4. 第四個 P：推廣

推廣是指推銷販賣商品時，所展開的各種銷售促進活動，以加速顧客的理解與信賴感。推廣是以溝通作為手段來完成交易行為，有三個目標：提供資訊、說服、提醒等。推廣的手段包括：廣告、直銷、人員銷售、銷售促銷、公共關係等。

（二）「4C」策略組合

學者 Lauterborn（1990）倡導 4C 原則：顧客（Consumer）、成本（Cost）、便利（Convenience）、溝通（Communication）。此論點主張傳統的 4P——產品、價格、推廣、通路，著重在經營者的生產、期望利潤及制定策略，但忽略了顧客是整個行銷服務的真正核心。遂此，以 4C 為核心戰略，也就是以顧客為中心進行產業體的行銷活動規劃設計，如表 2-5 所示。

表 2-5　行銷組合的改變表

理論演變：4P（McCarthy）→ 4C（Lauterborn）	
核心導向：　賣方導向　→ 買方導向	
Product（產品）	Customer Benefit/Needs/Wants/Value（顧客的價值）
Price（價格）	Cost to Customer（顧客的成本）
Place（通路）	Convenience（顧客的方便）
Promotion（推廣）	Communication（顧客的溝通）

資料來源：作者整理

1. 第一個 C：顧客

即滿足顧客需求，讓消費者指名購買。

2. 第二個 C：成本

即權衡顧客購買所願意支付的成本。消費者要的是以最低、最有利的價格取得商品，卻不見得是最低價，因此應朝品質最低價著手。

3. 第三個 C：便利

即符合顧客購買的便利性，例如：異業結盟，全方位服務等。

4. 第四個 C：溝通

即與顧客進行雙向溝通，蒐集最有利資訊，讓業者及消費者同時獲益。

（三）「4P ＋ 4C」策略組合

接續，行銷策略重視到 4P 與 4C 的交集，亦即將傳統的 4P 策略及修正補充的 4C 策略朝向整合發展，以發揮最佳效益，如圖 2-4 所示。

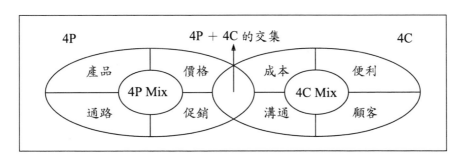

圖 2-4　4P 與 4C 的交集

資料來源：黃深勳、黃營杉、洪順慶、吳青松、陳松柏（1998：18）

（四）「7P」策略組合

由於服務本身與實體產品不同，傳統 4P 的組合並不能滿足行銷需要，

因此，Bitner（1990）增加了人員（Participants）、實體呈現（Physical evidence）、過程管理（Process manegement）三項，將 4P 修正為 7P 行銷組合（Kotler, 2000）。

1. 服務

針對目標市場進行的服務，必須考量服務保證及市場需求、競爭地位等條件因素。服務內容包括了服務範圍、服務品質、服務等級、品牌名稱、信譽保證等。以學前教保服務為例，服務內容包括了教育、照顧、保健等。

2. 價格

價格不只是影響消費者的需求程度，還反映出消費者對此服務的期望訊息，對於提供無形與專業的服務產品特別重要。因為價格是價值的指標，包括了服務的定價、折扣、折價、傭金、付款期限、消費者感受及價值、服務品質、價格適切性與服務差異化等。以學前教保服務為例，收費定價受到各國法令政策的規範，例如：香港的幼稚園多接受政府補助款項，其收費有其限制性。

3. 通路

通路地點涉及了服務的位址與配銷，有些服務是直接送到家中或公司，這些運送是可以選擇的，而有些服務則是需要有固定地點。以學前教保服務為例，其通路為機構實體地點，且由於教保內容必須直接服務，無法透過網路視訊提供虛擬服務，無法如同其他學習機構可以設有虛擬通路。

4. 推廣

推廣或促銷，包括了廣告、人員銷售、促銷、宣傳與公共關係等可行方式。以學前教保服務為例，推廣促銷方式除了一般的文宣廣告外，品牌形象與試讀體驗……等為其重要的推廣方式。

5. 人員

人員係指所有與服務相關的人，因此員工之專業訓練、判斷能力、解說

技巧、獎勵方式、員工的外觀條件、人際行為與態度，以及員工與顧客的接觸方式等都很重要。以學前教保服務為例，主要服務人員包括了園所長、幼教老師、教保員等。

6. 實體呈現

實體呈現是服務行銷組合中重要的一項因素，它包括了整體環境、室內裝飾、噪音情況、設備等。除了邀請顧客直接參觀外，照片、網路攝影等方式都可以增加實體呈現的機會。以學前教保服務為例，實體設備包括了機構建築、環境、教室、設備、教具等。

7. 過程管理

過程管理包括了服務政策、程序、自動化程度、員工判斷程度、對消費者的引導與服務流程等。以學前教保服務為例，管理過程包括了教育、照顧、保健等服務流程。

第三章

方法篇：

文教產業服務行銷研究設計

　　行銷觀念的演進歷程，隨著相關理論與實務的累積，從產品導向、銷售導向、行銷導向、策略行銷導向、社會行銷導向、全方位行銷導向、置入式行銷導向，到感動行銷導向等（Kotler, 2000; Kotler & Armstrong, 1996），由早期的以量取勝及後續的品質管控，甚至到心靈感動行銷，這些豐富的歷程就如同相關的研究發展一樣。服務行銷的研究主題涵蓋了內部行銷、外部行銷與互動行銷；在方法上除了量化實證與質性詮釋典範，也加上了質量混合方式，以及跨區域的比較分析。整體而言，隨著行銷管理歷程的演進，文教產業服務之相關研究主題及方法也愈趨多元而豐富。在此以學前教保服務領域為例，分析國內近二十年之相關研究議題。

壹、文教產業服務行銷研究議題

　　依據 Thomas（1978）以及 Kotler（2000）等對於服務產業行銷系統之論點，服務業行銷之金三角系統架構，包括內部行銷、外部行銷及互動行銷等三類。據此，彙整三類之研究議題。

一、以內部行銷策略為主題

　　以內部行銷為主題的研究，多強調文教產業服務組織系統的內部環境，例如：服務品質、知識管理、領導授權、成員士氣、專業成長與進修等議題。相關研究結果顯示，內部行銷必須包括教職員工的溝通、獎勵、進修、願景分享等部分。以國內學前教保機構為例，其相關研究主題及其研究結論，彙整如表 3-1 所示。

表 3-1　內部行銷策略研究

研究主題	研究結論
陳琦瑋（2002） 幼教工作者的親職教育知能	研究顯示：幼教工作者由於工作繁忙，常忽略親職教育的重要性與使命感；而學前教保機構的制度、園長的領導風格，以及在職訓練，會影響幼教工作者在與家長應對上的溝通技巧，甚至造成信心或退縮等兩極情形。
陳美齡（2003） 屏東縣公私立幼兒教師在職進修現況與其專業成長之研究	研究顯示：研習活動為幼兒教師參與在職進修的主要型態；而學位、學分的進修為幼兒教師最想參加的進修形式；幼兒教師目前均會參與自我進修；多數幼兒教師肯定在職進修後的專業成長。
李正義（2003） 幼教機構導入 ISO 9000 管理績效評估之研究：以台中縣石竹村幼教機構為例	研究顯示：石竹村幼教機構順利導入 ISO 9002 管理制度後辦學口碑漸佳、招生人數激增，創辦人辦學信心增強，續開分校；且園內行政效率提昇，教師素質提昇，家長抱怨減少。
林佳蓉（2004） 幼兒教師任教職志、工作壓力及社會支持之質性研究	研究顯示：良好的工作氣氛與成就感對堅定幼兒教師的任教職志有幫助；師資培育時間愈短者，在個人發展及班級教學層面壓力最大；性別、婚姻狀況和年齡均會影響工作壓力；私幼教師獲得的行政支持多過公幼教師。
鄭美治（2004） 幼兒園教師工作壓力、因應趨避與身心健康之研究：以桃竹苗為例	研究顯示：受試幼兒園教師的整體壓力因應趨避方式傾向於「趨」；幼兒園教師對課程教學壓力最能挑戰自我，能積極主動解決問題，而相對於教師較無法自主控制改變的行政組織壓力，傾向於以尋求支援或接受現況等消極逃避方式。
陳慧菊（2005） 知識管理與幼教機構行政績效關係之研究	研究顯示：推動知識管理確實可以明顯的提高幼教機構行政績效，而推動知識管理活動則與組織成員對於知識管理的認知、經營者對於知識管理的重視與支持有相當大的關係，藉此進而形成組織知識分享文化、建立組織特有的知識管理系統。
巫鐘琳（2005） 幼稚園本位在職進修與幼教師專業成長之研究	研究顯示：學前教保機構的從屬關係，應該由「從上對下」的關係轉變成「平等」的夥伴關係，共同管理、經營、建立幼稚園願景，將可以創造一個成功的團隊經營模式；另外，建立教師專業團體，可以形成共同成長討論的正向發展力量。

表 3-1　內部行銷策略研究（續）

研究主題	研究結論
蔡樹生（2005） 品質機能展開技術在幼教服務業的應用：以台南市安南幼稚園為例	研究顯示：藉由台南市安南幼稚園的實證研究，來驗證 QFD 技術對幼教界服務品質與顧客滿意的適用性；將家長的需求及幼稚園應提供的服務，逐一說明呈現，提供了有別於傳統服務品質與顧客滿意度的觀點。
曹俊德（2005） 學前教育機構主管轉型領導、專業發展與幼兒教育品質關係之研究	研究顯示：學前教育機構長應該運用轉型領導以促進專業成長；持續的進修以提昇擔任園長的領導能力；建立專業組織以推動自我及外部的認同；建立迅速、正確與客觀的品質資訊回饋機制。
陳詩宜（2006） 臺北市公幼教師對幼稚園行銷策略重要性的認知與運作現況之調查研究	研究顯示：教師認為行銷策略的重要性依序為「人員策略」、「產品策略」、「價格策略」、「通路策略」，以及「推廣策略」；公幼行銷策略運作現況符合程度的高低依序為「價格策略」、「產品策略」、「人員策略」、「通路策略」、「推廣策略」；教師對行銷策略重要性的認知與運作現況存在差異，及部分顯著相關。
洪啟玲（2007） 「意在教學」與「樂在教學」：從兩位幼教師敘說看幼教專業的茫然與統整	研究顯示：研究者經由自我與對照個案的雙向敘說，從原本的茫然、滿腹牢騷，轉變為積極、開朗。研究結論提出，找到自己的定位、真誠的面對自己、勇敢面對困境，方能開展真實的智慧，重新審視專業與工作的內涵與意義。

資料來源：作者整理

二、以外部行銷策略為主題

　　以外部行銷為主題的研究，多強調文教產業服務組織系統的外部環境，例如：行銷策略、策略性分析、競爭優勢等。相關研究結果顯示，外部行銷包括了幼教服務、價格、地點、推廣、人員、實體設備、過程管理等。以國內學前教保機構為例，其相關研究主題及其研究結論，彙整如表 3-2 所示。

表 3-2 外部行銷策略研究

研究主題	研究結論
張翠芬（1991） 兒童電腦輔助教學機行銷策略之研究	研究顯示：行銷策略之機動性與組織結構有關，如果公司為有機式組織，那麼行銷策略可隨時因應作變化。此外，行銷策略之形成多為解決新產品上市時面臨之問題，其定價水準與通路型態，與其產品特點密不可分，而通路型態則決定推廣方式。
郭巧俐（1992） 幼教服務市場與行銷策略之實證研究：以大台南地區為例	研究顯示：幼教服務市場可大致將幼兒家長區隔為隨遇而安型、教保信賴型、特色教學型以及親職活動型等四種；幼教市場供需兩方的服務品質差異，集中在特色教學、才藝班、資訊傳播方式及立案與否上；整體而言，家長期望的利益已由價格、通路等基本層面，延伸至其他諸如特色教學、才藝班的提供，以及親職教育、幼稚園是否誠信等多元化層面。
陳銘達（1999） 幼教之行銷策略：以台北市為例	研究顯示：部分幼教業者不重視行銷策略運作，無法快速推展園務；市場區隔策略、目標市場選擇策略、產品定位策略和行銷組合之貫徹實行，有助於園所之成長與發展；園所除重視幼教品質外，若能重視與貫徹實踐行銷策略，必可提昇競爭優勢。
陳素滿（2004） 以鑽石理論建構幼教產業競爭策略之研究	研究顯示：定位幼教教師的專業形象、重視職工福利、幼托管理的法規事權整合、改善公私立教師退撫差距等面向，均是提昇幼教產業的可行策略方式。
粘勝傑（2004） 探討兒童教育連鎖體系赴大陸投資之競爭優勢與行銷策略	研究顯示：兒童教育連鎖產業，拓展大陸市場的行銷策略有與當地幼稚園合作，以既有據點，快速發展；參與各區幼稚園競投標，取得經營權；與開發商合作，隨著開發商所新開發小區，共同經營；藉由特殊關係與各區教育局取得良性關係，取得公設單位學校、幼兒園的合作經營權；參加各種加盟展會，拓展加盟園。
賴桂蘭（2004） 策略性行銷規範性與實證性之比較研究：以幼教及相關產業為例	研究顯示：實務界對策略性行銷的理論價值普遍皆持肯定的態度，然其在實務界的運用上，部分業者持保留態度；主要為策略性行銷範圍太廣，且市場環境變化太快，以致於業者在運用策略性行銷時，常需隨外部變化而適時做策略的調整以因應之。研究透過問卷調查亦發現，設校在五年以下的園所，其在策略性行銷的運用程度較高，相對的其績效表現亦較佳。

表 3-2　外部行銷策略研究（續）

研究主題	研究結論
范雅雲（2005） 新竹地區幼稚園學校行銷策略認知與運作之研究	研究顯示：學校行銷策略能提昇學校整體聲望和形象、爭取更多學生及增進學生、家長和社會對學校的了解與支持；其教職人員認為缺乏推展行銷策略的經費及行銷相關知識不足是幼稚園未設立行銷專責單位或個人之主要原因。
羅昌鑑（2004） 台北縣私立幼教經營者行銷策略認知與運用之調查研究	研究顯示：台北縣大多數私立幼稚園推動行銷時，多數未設立常態單位或個人；幼稚園經營者就行銷策略6P 組合中認為，較重要的是形象策略及人員策略二項；大多數私立幼稚園經營者認同用「企業經營」方式來管理幼稚園。本研究並建議幼教經營者應具有完整的行銷觀念，行銷策略的運用須配合不同的情境加以組合靈活多樣變化。
沈玉屏（2006） 幼教市場策略與績效指標之研究：以吉的堡教育機構連鎖體系為例	研究顯示：實證結果顯示，就財物構面而言，係屬商業機密，為研究限制之一；就顧客服務構面而言，以顧客滿意度、留班率指標、顧客爭取率及市場占有率指標；就內部流程構面而言，以顧客的喜好、業務區隔、顧客投訴率，以及廣告促銷次數；就學習與成長構面而言，以員工教育訓練、員工滿意度，及員工延續率（留職率）。

資料來源：作者整理

三、以互動行銷策略為主題

　　以互動行銷為主題的研究，多強調以顧客（學生及其家長）與教育服務提供人員的實際互動為主，例如：服務滿意度、家長決策行為、親職關係管理、教職員工之溝通技巧等面向。相關研究結果顯示，互動行銷著重在直接互動。以國內學前教保機構為例，其相關研究主題及其研究結論，彙整如表3-3 所示。

表 3-3　互動行銷策略研究

研究主題	研究結論
林新富（2001） 轉換成本在顧客滿意度與顧客忠誠度關係之干涉效果：以台北市私立幼教產業為例	研究顯示：傳統觀念裡，認為只要顧客滿意度高則顧客忠誠度便高，研究之實證發現，在瞬息萬變的市場情境中，欲創造最佳的成功機會，則必須加強產品和服務的全部價值，並提昇忠誠的顧客再次購買（消費）的動機。
陳俊升（2002） 幼兒教育市場消費行為之研究：以台中地區家長選擇幼兒教育機構的歷程為例	研究顯示：家長對於不同教保機構的偏好並非天生的，而是依循個人過去的經驗以及人際網絡中的知識、信念與行為之脈絡而形成的；研究主張，對於幼教市場結構的調節，無論是由國家介入或由市場機制主導，家長、機構、國家三者幼兒教育價值觀的整合，應是健全幼教市場結構的首要之務。
何鑫毅（2004） 以顧客關係管理探討連鎖幼兒教育關鍵成功因素	研究顯示：由 OLAP 分析結果發現，多數的連鎖幼教園所是以女性經營者為主；經過因素分析，共得到五項關鍵因素構面，分別為經營模式、內部作業規劃、持續性修正、多元性互動、環境等五項因素，為本研究連鎖教育服務業的五項關鍵成功因素。
李芳靜（2004） 幼兒園中教育友誼、互動接觸與家長關係管理效能之研究：以南部地區私立幼兒園為例	研究顯示：教育友誼對互動接觸具顯著性正向影響；教育友誼對家長關係管理效能具顯著性正向影響；互動接觸對家長關係管理效能具顯著性正向影響；教育友誼透過互動接觸與家長關係管理有間接關係。另在後續分析中也提出，幼兒園在家長關係經營管理執行上的相關策略，供幼兒園做參考。
邱慧芳（2004） 北高兩市幼兒園家長消費決策行為之研究	研究顯示：無論整體或北高兩市幼兒園家長，在問題確認、資訊蒐集、選擇評估與滿意度等層面的消費決策行為中，各變項間大部分有顯著相關存在，其中以問題確認層面之個人因素變項，對滿意度的預測力為最高。
陳瑞虹（2004） 經理人的社交技巧對企業經營績效之分析：以幼兒園為例	研究顯示：經理人之社交技巧確實會影響其經營績效，同時，經理人之學經歷背景（園長年資、學歷、相關科系、幼教經驗、行政經驗）及社交技巧與經營績效之構面（教室使用率、師生比、校舍規模、幼生規模、教師流動率），確實存在相當之影響。

表 3-3　互動行銷策略研究（續）

研究主題	研究結論
吳曙吟（2005） 家長選擇幼兒園決策取向與其對幼兒園服務品質滿意度之研究	研究顯示：家長在選擇幼兒園決策取向上可分為四個群體，分別為：「自我表達群」、「盲目變化群」、「價格滿意群」及「品牌迷惑群」；家長在幼兒園服務品質的「師資專業」、「設備健全」、「課程適宜」及「幼兒表現」等滿意度層面及整體滿意度層面，均呈現實際感受略高於期望水準的滿意狀態。
張寶源（2005） 運用結構方程模式探討服務品質、顧客滿意度、品牌權益、關係品質與顧客忠誠度之關係：以桃園縣幼教業為例	研究顯示：對於顧客忠誠度而言，影響最大的因素是顧客滿意度，其次為服務品質，關係品質則為最低，所有構念均對顧客忠誠度具有直接影響關係。
柯宜均（2006） F 世代家長選擇幼兒園所之消費決策行為研究	研究顯示：F 世代家長選擇幼兒園所的決策行為，可分為「無偏好群」、「體驗消費群」、「消費自主群」三個消費集群；在資訊蒐集的個人因素上，重視個人感受以及對園長、老師的初步印象；商業因素包括以立案園所做為考量。在選擇評估中重視園所氣氛、保育照顧、環境設備等。各消費集群家長決策行為，在性別、職業與教育程度等，有顯著差異。

資料來源：作者整理

貳、文教產業服務行銷研究方法

　　研究典範區分為實證典範（Empirical Paradigm）及詮釋典範（Hermeneutic Paradigm）兩個派別，並依據其哲學思潮的差異因應不同的研究方法：量化研究（quantitative research）以實證典範信仰為主體，質性研究（qualitative research）則以詮釋典範信仰為主體；不同的典範立論，研究方法隨之彼此對立抗衡長達半世紀之久。之後，由 Walker 與 Evers（1997）以及 Johnson 與 Onwuegbuzie（2004）等學者陸續提出質量混合的研究典範。文教產業服務行銷的相關研究方法，包括有量化實證研究、質性詮釋研究、混合方法研

究；此外，亦可以針對跨區域進行比較研究。

一、實證量化研究與詮釋質性研究的典範派別

　　研究典範（research paradigms）指的是一個研究社群（research community）據以構思研究問題、瞭解研究情境、選擇研究方法、執行研究工作、解釋研究結果的整體性架構與形式；簡言之，也就是研究者從事研究活動時所持的共同信念與方法（吳明清，1991）。

　　實證典範採行量化研究，主張反覆驗證及系統化的蒐集資料等具體操作方式，在社會科學研究領域大受歡迎；但是量化研究過份數據化及實驗，使得研究流於繁瑣的技術分析，難以深入社會現象（Lincoln & Guba, 1994）。因此，另一股反量化方法論的學群興起，研究典範進入了詮釋典範時期，重視現象學、符號互動論、詮釋學、批判理論、建構主義等之立論，其主要的研究方法即運用質性研究。詮釋典範主張「多元證成」，反對實證典範所強調的「單一證成」，認為量化研究多強調數據檢驗，並沒有考量到歷史、社會、文化等脈絡因素，這些深層結構並非實驗或調查即能概括全貌。故，質性研究典範多採田野觀察、人種誌研究、訪談法等方法進行研究。但是，質性研究雖然有某些優勢可以取代量化研究的不足，然其可信度與延伸度仍備受爭議。於是，兩個典範的差異與爭論對立不絕。

二、第三類研究典範的整合──混合式研究方法

　　學者 Walker 與 Evers（1997）認為，量化研究與質性研究兩大典範在教育研究的歷史中，有過三個不同的爭論議題：「相互抗爭」（oppositional）（diversity thesis）、「彼此互補」（complementary diversity thesis），以及目前傾向的「聯結整合」（the unity thesis），其主張這兩個典範雖然未必可以共量，基本上並不相矛盾。他們並指出，如果研究者不去深入探究所面對的問題和所處的環境，不去思索解決這些問題的適宜方法，而只是一味地認為自己想要使用哪一種研究方法，或是將自己歸類於哪一研究典範的追隨者，這樣是無法正確的得到研究解答，會被困在典範二分法的迷宮中，找不

到出路。而整合典範中的混合式方法研究即提供了在絕對的二分典範下的「調和」選擇，能依據研究目標與情境選擇適切的證成方法。

Johnson 與 Onwuegbuzie（2004）指出，質性研究和量化研究的爭論應該先拋諸腦後，藉由混合研究法可以瞭解到二者均是非常重要，也極為有用。混合研究法的目的不在於取代二者，而是集合二者個別之力，並減去二者在單一研究及多元研究個別之缺陷。如果在一直線上，質性研究在一端而量化研究在另一端，混合研究法則包含了兩點間全部的區域。若以分類來論，混合研究法則界於質性研究和量化研究之間；以混合研究法當作第三種典型研究方法，有助於彌補質量二派分裂的鴻溝（林佳芬、林舜慈，2010）。

21 世紀初期，混合方法研究作為一種方法論的運動，跨越了社會、行為以及醫藥衛生科學的領域，且持續擴大中。或許仍有一些研究者堅守典範的對峙，但是單一觀點、設計與資料所形成的研究視框（frame of seeing），並無法全然看見研究世界。Tashakkori 與 Teddlie（2003）、Johnson 與 Onwuegbuzie（2004）、Creswell 與 Plano Clark（2007）認為，將混合方法研究視為質量兩大典範以外的第三波方法論運動（third methodological movement）的時候已經到來。

混合式研究方法的立論，由澳洲教育學者 Evers 與 Lakomski（1991）率先提出；至 2004 年，Johnson 與 Onwuegbuzie 等學者以學術論壇方式公開發表了混合方法研究的具體模式，包括混合研究設計之四象限矩陣（Mixed-method design matrix with mixed-method research designs shown in the four cells），如圖 3-1 所示，以及混合研究過程模式（Mixed research process model），如圖 3-2 所示。

時間順序

	共存	連續
同等地位	象限 1 QUAL + QUAN	象限 2 QUAL→QUAN QUAN→QUAL
優劣地位	象限 3 QUAL + quan QUAN + qual	象限 4 QUAL→quan qual→QUAN QUAN→qual quan→QUAL

強調重點

註：「qual」代表質性研究、「quan」代表量化研究，「＋」代表時間共存，
「→」代表時間連續，大寫字母代表具較大比重，小寫字母代表具較小比重。

圖 3-1　混合研究設計之四象限矩陣

資料來源：Johnson & Onwuegbuzie (2004)

三、跨區域整合分析──比較教育研究方法

比較教育研究方法派別可以區分成三期（吳姈娟，1999；洪雯柔，
1996；楊思偉、沈姍姍，1996；Kelly & Altbach, 1986）：(1)1900 年以前的
主觀借用期，以考察他國方式借取教育經驗；(2)1900～1960 年的重視背景差
異期，瞭解民族、地理、政治、經濟等因素對教育制度所形成的差異性；(3)
1960 年以後的社會科學研究期，以質性、量化等社會科學研究方式進行不同
地理區域教育議題的比較。第三階段為比較教育主要理論與實務的建立關鍵
時期，這時期的比較教育研究模式有 Bereday（1964）的四階段論、King
（1975）的教育預測論，以及 Holmes（1977）的問題研究法等。

Bereday 將比較教育研究分成兩種類型及四個階段（洪雯柔，2000；Be-
reday, 1964）：兩種類型分別為區域研究（area studies）與比較研究（com-
parative studies），而四個階段之前兩個階段隸屬於區域研究，而後兩個階段
隸屬於比較研究。區域研究係以國家或地區為研究單位進行兩階段分析：第

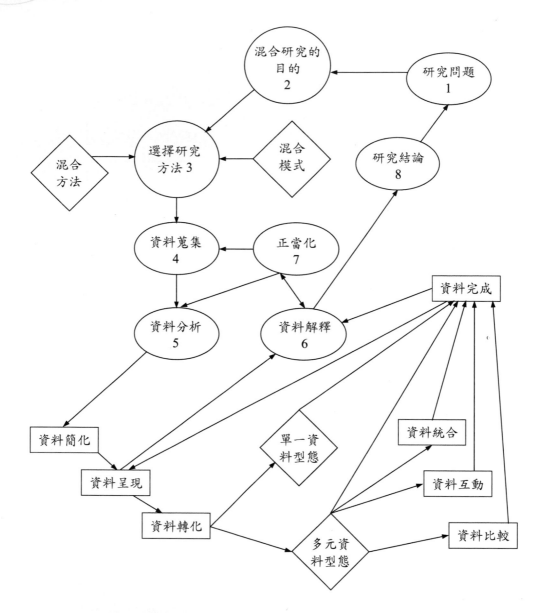

註：圓形代表混合研究法過程之階段 1 至 8，方形代表資料分析過程各階段，
菱形代表組成要件。

圖 3-2　混合研究過程模式

資料來源：Johnson & Onwuegbuzie (2004)

一階段為描述階段（descriptive phase），旨在進行教育資料的蒐集，又稱為教育地理學（geography of education）；第二階段為解釋階段（explanatory phase），運用其他社會科學方法進行資料分析，又稱為社會分析（social analysis）。而比較研究則係以上述區域研究為基礎，再分成兩個階段，其並列階段（juxtaposition）為第三階段，將不同區域資料並列其比較點作為規準以驗證假設；比較階段（comparison）為第四階段，為進行跨區域的同時分析。茲以「華人幼兒教育產業都會區位行銷策略之比較研究：以台北、香港、新加坡三地為例」之研究架構說明，如表 3-4 所示。

表 3-4　比較教育研究方法之結構

研究類型	研究階段
區域研究：教育地理學	1. 描述：三地幼兒教育產業之都會區位背景
區域研究：社會分析	2. 解釋：三地幼兒教育產業行銷策略之量化與質性資料分析
比較研究：比較點	3. 並列：上述三地幼兒教育產業描述及解釋資料之並列比較
比較研究：同時分析	4. 比較：上述三地幼兒教育產業並列資料之同時分析

資料來源：林佳芬（2007）

四、文教產業服務行銷研究案例

（一）量化實證典範研究

　　以量化實證典範進行研究，多強調實驗設計、問卷調查及統計軟體等的數據分析。以國內學前教保機構為例，其相關研究方法案例，彙整如表 3-5 所示。

表 3-5　量化實證典範研究案例

研究方法	研究方法
譚化雨（2003） 東森幼幼台運用整合行銷傳播策略之研究	研究方法以問卷調查法蒐集資料，採用立意抽樣，於東森幼幼台舉辦北中南活動時在現場進行問卷調查，共回收有效問卷 351 份並進行資料分析。
范雅雲（2005） 新竹地區幼稚園學校行銷策略認知與運作之研究	研究旨在探討幼稚園在行銷制度及現況、學校行銷策略重要性認知、實際運作情形及困境。主要採文獻分析、問卷調查等方法。資料以 SPSS for Windows 11.0 統計套裝軟體進行分析，透過平均數、百分比、t 考驗、單因子變異數分析、Scheff'e 事後比較等方法，歸納主要結論。
羅昌鑑（2004） 台北縣私立幼教經營者行銷策略認知與運用之調查研究	研究旨在探討台北縣私立幼教經營者的行銷策略認知與運作調查，針對各地區立案的 197 家私立幼稚園園長進行問卷調查，有效回收問卷為 101 份，透過描述統計，瞭解不同經營者對行銷的認知及推動行銷時所採用的行銷策略組合之差異分析。
魏信香（2005） 兒童美語機構行銷滿意度對顧客忠誠度之研究	研究針對參與兒童美語機構學童之家長調查，對兒童美語機構之產業特性加以篩選其中之部分構面因素進行探討，以瞭解其對顧客忠誠度之影響程度，並探討消費者的各項人口統計變數的差異及行銷滿意度與忠誠度之影響。
陳詩宜（2006） 臺北市公幼教師對幼稚園行銷策略重要性的認知與運作現況之調查研究	採問卷調查法，自編問卷為研究工具，針對 133 所公幼，計 435 位教師進行施測。其後採敘述統計、t 考驗、單因子變異數分析、積差相關考驗等統計方法進行資料分析。

資料來源：作者整理

（二）質性詮釋典範研究

　　以質性詮釋典範進行研究，多強調研究者實際之參與、觀察及訪談等質性資料之分析。以國內學前教保機構為例，其相關研究方法案例，彙整如表 3-6 所示。

表 3-6　質性詮釋典範研究案例

研究方法	研究方法
張翠芬（1991） 兒童電腦輔助教學機行銷策略之研究	採個案研究法，利用人員深訪對產業母體進行初級資料之蒐集。此處所指之母體係下列條件之交集，即產品為電腦輔助教學軟體兼含硬體之型態，產品銷售之對象為一般消費者，且於 1991 年 12 月前進入此產業之廠商。
林佳蓉（2004） 幼兒教師任教職志、工作壓力及社會支持之質性研究	本研究採用質性研究的半結構式訪談法，訪談六個個案，利用正式訪談及非正式訪談，以訪談大綱及訪談手札進行資料的蒐集，並與協同研究者一同進行資料的分析。研究者分別訪問六位不同師資培育背景出身的幼兒教師，從其經驗及觀點就幼教工作的甘苦和社會支持的程度，談論對教師任教職志的影響。
粘勝傑（2004） 探討兒童教育連鎖體系赴大陸投資之競爭優勢與行銷策略	以台灣非美語教育連鎖體系為範圍，選取在台灣最大 0～12 歲托育、安親連鎖教育機構——三之三國際文教機構為個案，透過對個案資料的蒐集、實際參觀，及對個案高層經理人員十次以上的深入訪談，最後歸納結論。
洪啟玲（2007） 「意在教學」與「樂在教學」：從兩位幼教師敘說看幼教專業的茫然與統整	本研究以「深度訪談」與「自我敘說」方式進行資料的蒐集與整理。研究是從研究者本身「為何取到幼教師資格後，反而決定離開幼教職場？」之問題出發，試圖從「樂在教學」的小芸老師身上，發掘自己從幼教工作出走之原因，重新找回教學的動力。

資料來源：作者整理

（三）質量混合典範研究

以質量混合典範進行研究，多強調研究者對於研究典範整合的觀點，運用質性研究與量化研究在研究設計、資料分析等方式上的調和。以國內學前教保機構為例，其相關研究方法案例，彙整如表 3-7 所示。

表 3-7　質量混合典範研究案例

研究方法	研究方法
郭巧俐（1992） 幼教服務市場與行銷策略之實證研究：以大台南地區為例	研究嘗試以行銷者的立場來為幼教服務市場做區隔分析，並比較服務需求面與供給面兩者的差異。以上述分析之結果對幼教市場做一建議，提供業者做為擬定行銷策略時的參考。研究針對大台南地區幼稚園之幼兒家長及幼稚園經營者實施問卷調查與深入訪談，期能有效瞭解整個幼教市場的服務概況。
陳銘達（1999） 幼教之行銷策略：以台北市為例	研究一方面採用問卷調查和人員訪談，以便瞭解園所行銷策略運用的情形。另一方面經由問卷調查及人員訪談之彙總，依據研究動機與目的，針對「幼教之行銷策略探討」，將理論與實務做一整理比較，進而提出建議，以供幼教業者參考。
賴桂蘭（2004） 策略性行銷規範性與實證性之比較研究：以幼教及相關產業為例	研究方法採質性個案研究法及量化問卷調查法，研究對象為台中縣市的幼教業及補教業。首先將訪談對象的訪談資料內容以紮根理論加以歸類編碼，將結果整理為「環境因素」、「產業競爭」、「營運特色」等三個構面，問卷設計則根據三大構面發展 36 題問卷題項而成。
黃麗卿（2005） 幼稚園專業服務行銷之個案研究	採質性輔以量化方法進行描述與分析。以台北市一所私立幼稚園為研究個案，蒐集資料方式以訪談為主，輔以檔案文件蒐集、問卷蒐集，以及課程與活動參與的記錄。

資料來源：作者整理

參、文教產業服務行銷研究範例

由上文敘述可知，文教產業服務行銷的研究議題包括了內部行銷、外部行銷、互動行銷等，研究方式可以選擇量化實證、質性詮釋、混合方法、比較研究等。然而，進行文教產業服務行銷領域之相關研究，研究設計是關鍵要項。如何提擬研究設計方案，必須考量研究者所要探究的學理基礎與現場實務需求。本書以「華人幼兒教育產業都會區位行銷策略之比較研究：以台北、香港、新加坡三地為例」作為範例，主要研究方法係採用區域比較研究方法，論述台北、香港、新加坡三地之異同，並以混合式研究方法進行量化與質性資料的整合分析。據此，依序介紹研究設計的書寫方式與其內容，以供參考。

一、研究架構與流程

在研究計畫提擬中，研究架構與流程除了文字部分外，亦需要圖像繪製，如同建築師依據外在資源與心理需求以繪製藍圖。相對於研究者而言，研究架構與流程可以幫助研究者去思考研究的主體為何？並逐步的試想在何時、何地，以何種方式針對何種對象或範圍來進行研究。

本書建議將研究架構分成主體內容與待答問題兩部分。在研究主體內容部分，主要是分析研究情境，需清楚納入研究主題、研究變項與研究方法等，如圖 3-3 所示。在研究待答問題部分，可以確認研究內容的成效，以待答問題為核心，對應其與研究動機、研究目的與研究方法的關聯，如表 3-8 所示。至於研究流程，則需要將研究架構與時間程序進行彙整，如圖 3-4 所示。

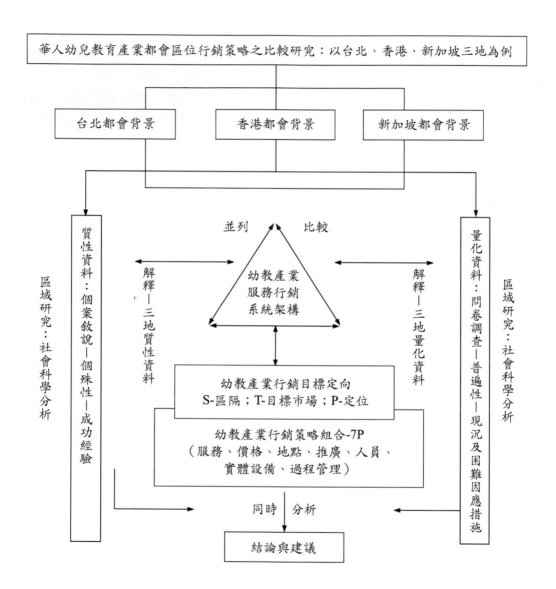

圖 3-3　研究主體架構

資料來源：林佳芬（2007）

表 3-8　研究問題架構

研究動機	研究目的	待答問題	研究方法
一、因應新世紀教育產業化之挑戰，明瞭華人幼兒教育產業都會區位行銷策略之相關文獻及其背景脈絡，以作為後續實徵研究之討論基礎，是為研究動機之一	一、探究華人幼兒教育產業都會區位行銷策略之相關理論與實務	一、華人幼兒教育產業都會區位行銷策略之相關理論與實務為何？ 1. 華人幼兒教育之歷史沿革為何？ 2. 都會區位之學理為何？ 3. 幼兒教育產業行銷策略之理論與實務為何？	＊文獻分析
	二、瞭解台北、香港、新加坡幼兒教育產業之都會區位背景	二、台北、香港、新加坡幼兒教育產業之都會區位背景如何？ 1. 台北幼兒教育產業之人文、地理、政治、經濟等區位背景如何？ 2. 香港幼兒教育產業之人文、地理、政治、經濟等區位背景如何？ 3. 新加坡幼兒教育產業之人文、地理、政治、經濟等區位背景如何？	＊文獻分析 ＊比較教育研究：描述
二、整合質、量研究典範之雙向資料，比較台北、香港及新加坡三地幼兒教育產業行銷策略之現況及其差異，以提供未來相關理論與實務之參考與建言，是為研究動機之二	三、剖析台北、香港、新加坡幼兒教育產業行銷策略之質性及量化資料	三、台北、香港、新加坡幼兒教育產業行銷策略之量化資料如何？ 1. 台北、香港、新加坡幼兒教育產業行銷策略之現況如何？ 2. 台北、香港、新加坡幼兒教育產業行銷策略之推動困境與解決途徑如何？	＊問卷調查：現況與困境因應方式 ＊比較教育研究：解釋
		四、台北、香港、新加坡幼兒教育產業行銷策略之質性資料如何？ 1. 台北幼兒教育產業行銷策略之個案訪談，其兩個不同機構類型個案之成功經驗敘說	＊個案敘說：成功經驗 ＊比較教育研究：解釋

表 3-8　研究問題架構（續）

研究動機	研究目的	待答問題	研究方法
		如何？ 2. 香港幼兒教育產業行銷策略之個案訪談，其兩個不同機構類型個案之成功經驗敘說如何？ 3. 新加坡幼兒教育產業行銷策略之個案訪談，其兩個不同機構類型個案之成功經驗敘說如何？	
	四、綜合比較台北、香港、新加坡都會區位幼兒教育產業行銷策略之異同	五、台北、香港、新加坡幼兒教育產業區位行銷策略之異同如何？ 1. 台北、香港、新加坡幼兒教育產業之都會區位背景比較？ 2. 台北、香港、新加坡幼兒教育產業行銷策略之量化資料比較？ 3. 台北、香港、新加坡幼兒教育產業行銷策略之質性資料比較？ 4. 台北、香港、新加坡幼兒教育產業區位行銷策略之綜合比較？	＊比較教育研究：並列、比較
	五、歸納研究結果，提出相關結論與建議	六、華人幼兒教育產業都會區位行銷策略比較研究之結論與建議如何？ 1. 華人幼兒教育產業都會區位行銷策略比較研究之結論如何？ 2. 華人幼兒教育產業都會區位行銷策略比較研究之建議如何？	＊質量資料整合分析 ＊比較教育

資料來源：林佳芬（2007）

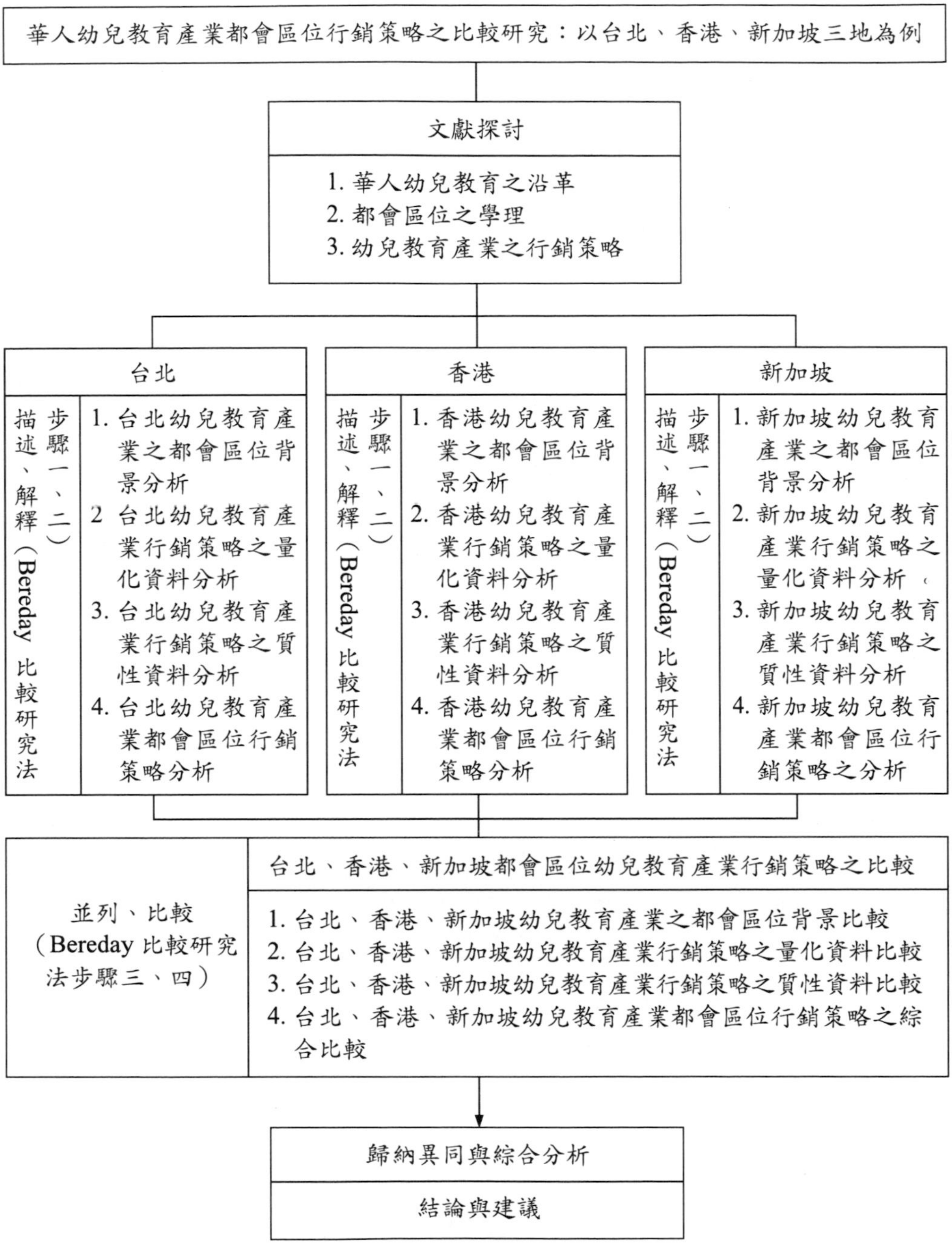

華人幼兒教育產業都會區位行銷策略之比較研究：以台北、香港、新加坡三地為例

文獻探討

1. 華人幼兒教育之沿革
2. 都會區位之學理
3. 幼兒教育產業之行銷策略

台北		香港		新加坡	
描述、解釋（Bereday 比較研究法）	1. 台北幼兒教育產業之都會區位背景分析 2. 台北幼兒教育產業行銷策略之量化資料分析 3. 台北幼兒教育產業行銷策略之質性資料分析 4. 台北幼兒教育產業都會區位行銷策略分析	描述、解釋（Bereday 比較研究法）	1. 香港幼兒教育產業之都會區位背景分析 2. 香港幼兒教育產業行銷策略之量化資料分析 3. 香港幼兒教育產業行銷策略之質性資料分析 4. 香港幼兒教育產業都會區位行銷策略分析	描述、解釋（Bereday 比較研究法）	1. 新加坡幼兒教育產業之都會區位背景分析 2. 新加坡幼兒教育產業行銷策略之量化資料分析 3. 新加坡幼兒教育產業行銷策略之質性資料分析 4. 新加坡幼兒教育產業都會區位行銷策略之分析

並列、比較（Bereday 比較研究法步驟三、四）	台北、香港、新加坡都會區位幼兒教育產業行銷策略之比較 1. 台北、香港、新加坡幼兒教育產業之都會區位背景比較 2. 台北、香港、新加坡幼兒教育產業行銷策略之量化資料比較 3. 台北、香港、新加坡幼兒教育產業行銷策略之質性資料比較 4. 台北、香港、新加坡幼兒教育產業都會區位行銷策略之綜合比較

歸納異同與綜合分析

結論與建議

圖 3-4 研究流程圖

資料來源：林佳芬（2007）

二、研究對象與工具

　　本書之研究範例，係採用混合式研究方法進行量化與質性資料的蒐集與分析。量化資料以簡單隨機抽樣選取樣本，採用問卷量表工具求取其普遍性資料，以瞭解現況與因應措施；而質性資料以立意取樣方式選取個案樣本，並憑藉作者及敘說訪談為工具，以求取個殊性資料，並分析其成功經驗。

（一）研究對象

　　研究對象依據主體性與資料性質，共有下列內容。

1. 研究主體對象

　　研究主體對象為台北市、香港、新加坡三地的合法立案之幼教產業，即為實際提供幼兒教育服務之學前教保機構，詳細之研究母群資料，如圖 3-5 所示，說明如下。

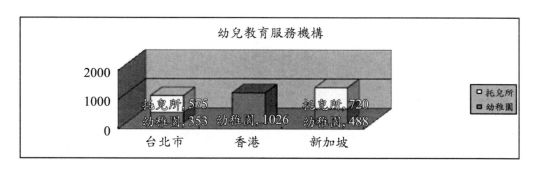

圖 3-5　台北、香港、新加坡學前教保服務機構數量圖

資料來源：林佳芬（2007）

(1) 台北

　　提供幼兒教育服務之產業機構包括了幼稚園、托兒所等兩個系統架構，總數共計有 928 所，其中幼稚園有 353 所，托兒所有 575 所。

(2) 香港

提供幼兒教育服務之產業機構為幼稚園一個系統架構，總數共計有 1,026 所。

(3) 新加坡

提供幼兒教育服務之產業機構包括了幼稚園、托兒所等兩個系統架構，總數共計有 1,208 所，其中幼稚園有 488 所，托兒所有 720 所。

2. 量化研究對象

量化研究對象係以上述三地之母群體進行簡單隨機分層抽樣，自台北、香港、新加坡三地之幼教服務機構類型，個別抽取 20% 的樣本數，如表 3-9 所示，說明如下。

表 3-9　量化研究對象抽樣樣本數

研究抽樣	台北市		香港	新加坡		合計
母群體數	幼稚園	托兒所	幼稚園	幼稚園	托兒所	3,162
	353	575	1,026	488	720	
問卷發放樣本數（占 20%）	70	116	205	99	143	633
有效回收樣本數	53	87	108	52	87	387
回收率	75%		53%	57%		62%

資料來源：林佳芬（2007）

(1) 台北

幼兒教育服務之產業機構總數共計 928 所。20% 的樣本數為 186 所，其中包括幼稚園 70 所，托兒所 116 所；實際回收幼稚園 53 所，托兒所 87 所。

(2) 香港

幼兒教育服務之產業機構總數共計 1,026 所。20% 的樣本數為 205 所；

實際回收幼稚園 108 所。

(3) 新加坡

　　幼兒教育服務之產業機構總數共計 1,208 所。20% 的樣本數為 242 所，其中包括幼稚園 99 所，托兒所 143 所；實際回收幼稚園 52 份，托兒所 87 所。

3. 質性研究對象

　　質性研究對象係以上述研究母群體進行立意取樣，作者自台北市、香港、新加坡三地之幼教服務機構類型，選取具有行銷策略成功經驗之典型代表性樣本，如表 3-10 所示，說明如下。

表 3-10　質性研究個案

產業地區	台北市		香港		新加坡	
機構類型	幼托之教育功能重疊		只有幼稚園提供教育服務		幼托之教育功能分立	
具行銷策略成功經驗之典型個案	公立幼稚園：A園	私立托兒所：B園	私立獨立幼稚園：C園	私立非牟利幼稚園：D園	私立幼稚園：E園	私立托兒所：F園
立意取樣	1	1	1	1	1	1
個案合計	2		2		2	
個案總數	6					

資料來源：林佳芬（2007）

(1) 台北

　　台北幼兒教育服務之產業機構類型主要是依據公立與私立進行區分，幼

稚園與托兒所在功能與職責上為重疊的；因此，自上述兩種類型各選取具有行銷策略成功經驗之典型代表性樣本，作為立意取樣之個案對象，共計兩個個案。

(2) 香港

香港幼兒教育服務沒有公立部分，而且只有幼稚園可以提供教育服務，其機構類型有私立獨立幼稚園、私立非牟利幼稚園兩種類型；因此，作者自上述兩種類型各選取具有行銷策略成功經驗之典型代表性樣本，作為立意取樣之個案對象，共計兩個個案。

(3) 新加坡

新加坡幼兒教育服務全部都為私立，其幼稚園及托兒所均可提供教育服務，但是兩者間所扮演的角色功能與職責有所區分，機構類型有私立幼稚園、私立托兒所兩種類型；因此，作者自上述兩種類型各選取具有行銷策略成功經驗之典型代表性樣本，作為立意取樣之個案對象，共計兩個個案。

（二）研究工具

研究之研究工具包括量化與質性兩部分，說明如下。

1. 量化工具

量化研究工具係依據文獻探討及研究主題並參考國內外之相關問卷量表，編製「華人學前教保產業都會區位行銷策略之研究問卷」。研究工具之編製過程與內容，依序為問卷初稿、專家審視、預試、信效度分析、正式問卷等部分。

(1) 問卷初稿

研究問卷初稿包括了基本資料、名詞解說，以及問卷內文；問卷內文則分成兩部分：①行銷策略之現況（含策略系統架構、目標定向、策略組合）；②行銷策略之困境與因應措施。

(2) 專家審視

專家審視的部分則請台北、香港、新加坡三地之相關學者專家給予審查，並依據建議以檢核題意與修正問卷內容，以「適用及修改後適用」達80%者才給予採用，詳細資料如表 3-11 所示。

表 3-11　三地專家審視

地區	台北	香港	新加坡
專家	T1：龍華科技大學商學與管理研究所黃深勳教授 T2：台北市立教育大學教育行政與評鑑研究所劉春榮教授 T3：致遠管理學院幼兒教育學系盧美貴教授	H1：香港教育學院教育政策與行政學系暨香港兆基創意書院葉建源校長 H2：香港教育學院幼兒教育學系吳美莉教授	S1：新加坡幼兒教育師資培育中心王如裕主任 S2：新加坡幼兒教育師資培育中心 Mrs Elizabeth Tan 顧問

資料來源：林佳芬（2007）

(3) 預試

為瞭解問卷量表的可用性與適當性，本研究先行以小樣本進行問卷之預試，預試問卷三地共發出 90 份，回收 72 份，可用 66 份，總回收率為 73%。詳細內容如表 3-12 所示。

表 3-12　預試問卷寄發、回收、可用及回收率一覽表

預試	發出	回收	可用	回收率
台北學前教保機構	30	26	24	80%
香港學前教保機構	30	23	20	67%
新加坡學前教保機構	30	23	22	72%
合計	90	72	66	73%

資料來源：林佳芬（2007）

(4) 信效度分析

預試問卷回收後，將有效預試樣本進行信度與效度分析，主要係將問卷

內容的「第一部分：行銷策略現況」，其中行銷系統架構的內部行銷、外部行銷與互動行銷之認知重要性與實際運作之題目進行考驗。

①各題與各層面及總量表之相關分析

　　經由專家內容效度後，於進行項目分析前，先以皮爾森積差相關分別考驗「內部行銷」、「外部行銷」與「互動行銷」之分量表中各題與各層面及總量表的相關情形，顯著水準（α）設為 .01，若相關係數有大於 .90 及小於 .20 等較極端之題目，則予以刪除，以確保各分量表之題目無同質性或相異性過高之情形。之後，得知「內部行銷」、「外部行銷」與「互動行銷」之分量表中各個題目間的相關係數皆小於 .90 及大於 .20，並均達 .001 的顯著水準，即代表無較極端之題目，故所有題目均予以保留。

②項目分析

　　其內部一致性係以皮爾森積差相關分別考驗「內部行銷」、「外部行銷」與「互動行銷」之各個題目與分量表總分之相關係數，顯著水準（α）設為 .01。由於「內部行銷」、「外部行銷」與「互動行銷」之分量表中各個題目與分量表總分之相關係數偏高，且均達 .01 的顯著水準，代表各題目與其他題目間一致性高。

　　研究將 CR 之臨界值設為 3.5，凡「內部行銷」、「外部行銷」與「互動行銷」分量表中之各個題目，CR 值小於 3.5，則代表鑑別度低，並予以刪除。由於「內部行銷」、「外部行銷」與「互動行銷」分量表中之各個題目 CR 直接大於 3.5，即代表鑑別度良好，故所有題目均予以保留。

　　研究係求取 Cronbach's α 係數來探求問卷題目之一致性。全體量表之整體 α 係數須在 .70 以上，各因素之內部一致性必須高過 .60，方表示該量表具有可接受之信度。由於「內部行銷」、「外部行銷」與「互動行銷」調查問卷之整體 α 係數皆高於 .70，各因素之內部一致性皆高過 .60，代表信度良好。此外「內部行銷」、「外部行銷」與「互動行銷」分量表之刪除後 α 值皆低於各分量表之 α 值，故所有題目亦均予以保留。

(5) 正式問卷

　　研究因應研究主題與架構編製問卷初稿，並依據專家審視之建議與預試之信效度考驗等，以確定正式問卷內容，歸納如表 3-13 所示。

表 3-13　正式問卷結構項目摘要表

結構	項目			題型	題數
基本資料	1.都會區位；2.組織隸屬；3.機構類型；4.專責行銷；5.園所歷史；6.園所規模；7.園所位置			單選題	7
名詞解說	1. 學前教保產業（pre-school education industry） 2. 行銷策略（marketing strategies）			文字說明	2
問卷內文	第一部分	行銷策略之現況	策略系統架構	李克特之四等第量表	16
			目標定向	單選題、排序	3
			策略組合	單選題、複選題、排序	7
	第二部分	行銷策略之推動困境與解決途徑	推動困境	複選題	1
			解決途徑	單選題、排序	2

資料來源：林佳芬（2007）

2. 質性工具

　　質性研究方法是以個案敘說為主體，相關的研究工具包括了研究者、個案訪談、現場文本、訪談同意書、研究參與者檢核、研究之信實度等。

(1) 研究者

　　Eisner（1981）曾以玫瑰花為例來說明研究者的典範思考，他說：「如果認識一朵玫瑰花，是透過它的拉丁名字，然而玫瑰花就失去它的香味，也失去了玫瑰花的意義。」接續，Firestone（1987）也指出，當實證學與詮釋學的本體論引導著我們對萬物萬象的思考與解釋時，研究典範的量化或質性選擇即透露出，研究場域中所有人、事、物的角色定位。作者認為，實證主義者假定社會實體是具體客觀的，變項是可以被驗證和關係測量的，強調類

推性、因果解釋及預測效用，身為研究者必須超然、客觀的描述；然而，詮釋主義者假定社會實體是互動建構的，變項是複雜難以測量的，強調脈絡性、理解及詮釋效用，身為研究者可以參與其中、擬情理解。

因此，認識一朵玫瑰花，以實證解釋或是詮釋體驗，所有的視覺框架（frame of seeing）都會不一樣；所以，研究者選擇整合量化與質性研究的多角視域，除了求得量化的普遍性資料，亦應探知質性資料的個殊經驗。如同中外學者巫銘昌（2002）以及 Argyris 與 Schon（1974）所言，在質性研究的領域中，研究者本身就是一項重要的研究工具。此外，Gomm、Hammersley 與 Foster（2000）亦提出了研究者視域的關鍵性。這些論述，提示著研究者在敘說研究中，藉著故事的敘說，描繪出生活經驗與特定事件的涵義，必須能權衡研究者的個人感官與專業分析，方能再現故事的脈絡真實意義。因此，研究本身的經驗背景、角色定位等是研究者在工具性意義上的重要起點。

(2) 個案訪談

訪談為本研究的工具之一，以下就訪談綱要、類型與方式進行說明，如表 3-14 所示。

表 3-14　本研究之訪談綱要、類型與方式摘要

摘要	實施	功能
訪談綱要	半結構式訪談	兼顧結構式與非結構式
訪談類型	深度訪談	分析外在環境與內在資源
訪談方式	前置期：先行電話進行約訪 正式期：採行當面實地訪談 後續期：以電話、網路視訊等補充延續	循序建構半結構式深度訪談之架構

資料來源：林佳芬（2007）

①訪談綱要

Deuzin 與 Lincoln（1994）提出非結構式訪談的優點，能有更寬廣的空間

和真實接近性；結構式訪談的優點，則為提供有系統的問題架構及提問順序，以鎖住核心焦點；然而，半結構式訪談即為結合上述二者之設計，有結構式訪談題目，也有非結構式情境提問。本研究兼採結構式與非結構式的優點，以半結構式訪談綱要為訪談題目之設計。

②訪談類型

本研究採行深度訪談，依據學者文崇一與楊國樞（2000）的論述，其與單純訪談之不同，在於深度訪談之目的乃是希望能透析其真正內幕、真實意涵、衝擊影響、未來發展，以及解決之道。因此，研究者必須分析整個採訪的環境，包括：外在環境——法律、科技、經濟、社會、文化等，與內在資源——訪談者優勢、創新的訪談技巧等。訪談者必須事前與事後投入輔助資料，並進行整合分析。

③訪談方式

訪談方式關係到與訪談者是否具有良好的人際互動關係。基本上，訪談分為幾種方式，包括：當面、傳真、電話、網路等，本研究的訪談方式則整合上述方式。先行以電話進行第一波的約訪，為研究準備的前置階段；第二波訪談採行當面訪談，為研究訪談主體的正式階段；第三波訪談則以電話、傳真、網路等方式，為研究資料延伸補充的後續階段。

④個案訪談編碼

在個案訪談內容上的編碼過程，主要是依據個案別、訪談方式、訪談時間等三層別作為編碼的依據，如表 3-15 所示。舉例說明：2007 年 2 月 14 日早上 9 點，作者當面實地訪談個案 A 園長的轉譯稿，其編碼為 Apf20070214AM9。

(3) 現場文本

敘說研究主要的資料蒐集方式以訪談為主，在過程中藉由研究者的聽覺、視覺等感官能力與現場科技媒體的錄音、錄影等媒介工具，轉換成文字形式；為避免對於訪談內容的遺漏或誤解，必須進行現場情境的逐字稿記

表 3-15　個案訪談編碼

方式 個案	訪談對象 （每個案園所各兩人） 園所（校）長（principal，代稱「p」） 資深教師（senior teacher，代稱「s」）	當面訪談 （實際面對面） （face to face inter- view，代稱「f」）	遠距訪談 （電話、網路視訊） （remote interview， 代稱「r」）
A 園	A 園園長：代稱「Ap」	Apf ／年月日／時	Apr ／年月日／時
	A 園資深教師：代稱「As」	Asf ／年月日／時	Asr ／年月日／時
B 園	B 園園長：代稱「Bp」	Bpf ／年月日／時	Bpr ／年月日／時
	B 園資深教師：代稱「Bs」	Bsf ／年月日／時	Bsr ／年月日／時
C 園	C 園園長：代稱「Cp」	Cpf ／年月日／時	Cpr ／年月日／時
	C 園資深教師：代稱「Cs」	Csf ／年月日／時	Csr ／年月日／時
D 園	D 園園長：代稱「Dp」	Dpf ／年月日／時	Dpr ／年月日／時
	D 園資深教師：代稱「Ds」	Dsf ／年月日／時	Dsr ／年月日／時
E 園	E 園園長：代稱「Ep」	Epf ／年月日／時	Epr ／年月日／時
	E 園資深教師：代稱「Es」	Esf ／年月日／時	Esr ／年月日／時
F 園	F 園園長：代稱「Fp」	Fpf ／年月日／時	Fpr ／年月日／時
	F 園資深教師：代稱「Fs」	Fsf ／年月日／時	Fsr ／年月日／時

資料來源：林佳芬（2007）

載，包括笑聲、哭泣、喜悅、憤怒及其他肢體動作等，以呈現完整的現場文本。本研究即依據上述現場文本分析整理，以因應研究之架構主題，進行脈絡編整與詮釋，將現場文本轉化成研究文本，再述說故事。

(4) 訪談同意書

　　敘說研究重視研究對象對於訪談內容的表達與呈現，因此獲得研究對象的信賴是十分重要的關鍵，基於研究資料蒐集的健全性與研究倫理，本研究設計訪談同意書，以事先溝通並取得研究對象的瞭解與同意。

(5) 研究參與者檢核

　　在敘說研究中，受訪者為研究的參與者，其對於研究內容的評斷有助於

文本資料的說服力。本研究在進行故事文本分析之前，先將初步敘寫的故事文本寄予作者受訪園所，請其協助檢證資料與其真實經驗的符合程度，並指出不符合的部分進行修正。

(6) 研究之信實度

信實度是質性研究之所以能夠成立的重要依據。本研究以 LeCompte、Preissle 與 Tesch（1993）以及 Miles 與 Huberman（1994）所提倡之方法：澄清研究者背景與立場、逐字稿轉譯、低推論描述、參與者檢核、案例對照、外部稽核等方式，強化本研究質性資料之信實度。

三、資料處理

（一）問卷調查

研究以統計軟體 SPSS 12.0 for Windows 就問卷調查所蒐集的資料，針對不同題型進行編碼與計分，輸入後以進行統計分析，茲說明如下。

1. 學前教保機構行銷策略的認知重要性與實際運作之差異情形
(1) 服務行銷系統架構

研究問卷在服務行銷系統架構中包括內部行銷、外部行銷與互動行銷等三部分，以單因子變異數分析及相依樣本變異數分析，分別考驗都會區位、機構性質、機構類型、專責行銷、園所歷史、園所規模、園所位置等不同背景變項在這三層系統架構中「知覺重要性」與「實際運作」之差異。若整體達顯著水準，再進行事後的考驗比較。

(2) 行銷目標定向

研究問卷在行銷目標定向中包括市場區隔、目標市場、市場定位等三部分。其中市場區隔為排序題，以加權計分方式統計；目標市場、市場定位為單選題，以次數分配進行統計。

(3) 行銷策略組合

研究問卷在行銷策略組合中包括產品、價格、地點、推廣、人員、實體設備、過程管理等 7P 組合策略。其中價格部分為單選題，以次數分配進行統計；其餘的六項組合策略為複選題，以次數分配及百分比進行統計分析。

2. 學前教保機構行銷策略之推動困境及解決途徑

(1) 推動困境

研究問卷在行銷策略之推動困境，以次數分配及百分比進行統計。

(2) 解決途徑

研究問卷在行銷策略之解決途徑包括解決方式與解決重點，其中解決方式為單選題；而解決重點為排序題，以加權計分方式統計。

（二）個案敘說

研究質性資料之呈現以個案為主體，進行實地訪談及敘說探究；以下就質性資料之處理要項及過程，說明如下。

1. 資料的分析方法

依據學者 Lieblich、Tuval-Mashiach 與 Zilber（1999）在敘說研究的論述，敘說資料的分析或經驗故事的呈現等，並沒有一套標準客觀的公式可循，必須因應研究者個人敏銳的官能與專業知能，從資料閱讀中尋找意義與脈絡。但是，Lieblich 等人亦針對文本分析與資料閱讀，提出四取向的分析模式：其一，「整體—內容」分析法，即為呈現完整的生命故事；其二，「整體—形式」分析法，即為呈現情節分析的生命故事；其三，「類別—內容」分析法，即為呈現特別事件的主題故事；其四，「類別—形式」分析法，即為呈現特別敘說風格的主題故事。

研究採用上述的「整體—內容」分析法，描繪被研究個案的整體脈絡，並以「類別—內容」分析法，聚焦在該個案的成功經驗，據此敘說完整的脈

絡故事。

2. 文本分析與詮釋

　　將質性資料轉換逐字稿為文本，其分析工作主要是依據有系統的策略步驟。國內學者高淑清（2004）即提出建議，包括：敘說文本的抄謄、文本的整體閱讀、發現事件和脈絡視框、再次閱讀文本、分析意義的結構與經驗重建、確認共同主題與反省，以及合作團隊的檢證。

　　文本分析中的詮釋是不可避免的，敘說過程也是一種詮釋過程，因為人無法直接接觸另一個人的經驗，透過敘說可以作為經驗的溝通；而詮釋就如同是對敘說者內心世界的「再經驗」，讓詮釋過程能具有「詮釋循環」的特性。本研究將研究者與被研究者放到研究過程的核心之中，雙雙進入詮釋學的循環；被研究者本身是其個人經驗故事的中心，而閱讀與詮釋這個故事的研究者，也是他對故事詮釋的中心。兩個詮釋結構因此有了交會點，而這兩個循環的重疊分量，關鍵就在研究者融入敘說者的生命故事中。

四、研究倫理

　　以人為研究對象時，學者 Bogdan 與 Biklen（2003）指出，傳統上有兩大規範，即為「知情的同意」（informed consent）和「保護對象免於傷害」（the protection of subjects from harm），這些倫理是在確保研究對象的自願性與免除可能的風險。

　　研究以整合典範之質量混合法為研究方法，在研究對象的選取上涉及了問卷填答與個案敘說等兩部分，包括了隨機抽樣的樣本對象及立意取樣的訪談個案，必須以謹慎的研究態度遵行相關的倫理規範。據此，依據學者吳明清（1991）、林天祐（2006）、Homan（1991）、Redestam 與 Newton（1992）、Numan（1997）、Tuckman（1994）等人對於研究倫理所提之主張，本研究克守其原則。

（一）尊重個人的意願

研究基於保障個人的基本人權，任何被選為研究對象的個人，都有拒絕接受的權利。未經徵得當事人的同意，研究者不能逕行對其進行研究，即使徵得同意，當事人亦可隨時終止參與。

（二）確保個人隱私

研究為保障被研究者的隱私，遵守匿名（anonimity）及私密性（confidentiality）原則，前一項原則是指研究者無法從所蒐集到的資料判斷出提供此資料的個人身分，後一項原則是指外界無法探悉某一特定對象所提供的資料。透過集體整理與分析資料的方式，以及以代碼替每一筆資料的身分可以做到匿名為原則。

（三）不危害研究對象身心

研究之研究者有責任及義務確保每一研究對象在研究進行過程中，不會受到生理或心理上的傷害，包括造成身體受傷、長期心理上的不愉快或恐懼等。

（四）遵守誠信原則

研究遵守誠信原則，其三項規範為：(1)儘量選擇不必隱瞞研究對象的方法，來進行研究；(2)如果確實沒有其他可行的方法，必須有充分的科學、教育或其他重要的研究理由，才可以使用隱瞞的途徑；(3)如果不可避免使用隱瞞的途徑，事後應儘速向研究對象說明原委，但在說明時要極為謹慎，避免讓對方留下的不愉快感覺。

（五）客觀分析及報告

研究之分析與報導兩項必須客觀，研究者必須將所獲得的有關資料，依據研究設計進行正確分析，不可刻意排除負面以及非預期的研究資料，使讀

者能完整的掌握研究結果；在結果報導方面，研究者有義務將研究設計的缺失及限制詳細條述，使讀者瞭解研究的可信程度。

第四章

實務篇：

華人學前教保機構
服務行銷實務分析

壹、台北學前教保機構服務行銷實作
貳、香港學前教保機構服務行銷實作
參、新加坡學前教保機構服務行銷實作

壹、台北學前教保機構服務行銷實作

台北學前教保機構服務行銷實作，係依據作者 2007 年的相關研究，依序論述學前教保環境背景分析、學前教保服務之發展沿革、學前教保機構服務行銷現況之問卷調查、學前教保機構服務行銷個案之經驗敘說等。

一、台北學前教保環境背景分析

台北市地處台灣島北部，包括了台北盆地東北部及鄰近的丘陵地區。當地之原始住民為凱達格蘭（Ketagalan）族，為母系社會，家產由女性繼承，與漢人文化不同。直至 1368 年起，中國福建及廣東沿海居民的大量移入，形成族裔的完全漢化。接續，1895 年起的日本 50 年殖民，由於族裔通婚與繁衍有限，影響多在皇民文化與教育制度層面。直至 1949 年，中華民國政府遷台時，隨著中國各省籍軍民的遷移，形成新的華人族裔交融。目前台北市與台灣其他地方一樣，呈現以華人文化傳承為主體的社會結構。

分析當地的社會經濟背景，可由基尼係數（Gini coefficient）、人類發展指數（Human Development Index, HDI）等幾項指標來論述。以 2007 年為例，台北市之人類發展指數為 0.925，即表示該地區人民的壽命、識字率、教育水平、兒童福利及生活品質等條件，屬於高指數地區。而其基尼係數為 0.326，並未超過 0.4 的「警戒線」，即表示該地區人民的收入分配公平程度、貧富差距尚在合理範圍內。台北市行政區分成 12 區，包括：中正區、萬華區、大同區、中山區、松山區、大安區、信義區、內湖區、南港區、士林區、北投區、文山區。依據台北市政府主計處（2007）的統計，其總人口數計有 2,627,146 人，總面積 271.8 平方公里，平均每平方公里有 9,666 人。有所得收入者人數為 1,482,812 人，平均年收入所得為新台幣 903,993 元；其中大安區之平均收入所得為新台幣 1,016,347 元為最高，萬華區的新台幣 757,665 元與大同區的新台幣 778,875 元為最低。12 個行政區之總生育率與學前教保機構密度有差別性，總生育率以萬華區、內湖區為最高，大安區為最低。以

每平方公里學校數而言，幼稚園以大安區最多，北投區最少。

　　近十年來，幼兒出生率下降，已呈現出少子化的人口結構現象。幼兒人口由 1996 年的 21.15%，降至 2005 年的 17.11%。提昇學前教保品質是台北市當前的重要政策之一，當地政府施行幼兒教育服務機構的評鑑，並公開評鑑結果，以作為幼兒家長選擇機構的參考依據。台北市在 2000 年開始施行幼兒教育券政策，給予 5 歲幼兒就讀立案幼稚園或托兒所的部分學費補助，以減輕家長的經濟負擔。此外，在兼顧本土化與國際化的理念下，施行「一主軸二併軌」的語言教育政策，即以華語為主，英語與母語為併軌。母語包括：閩南語、客家語及原住民語等華語方言；所採用之文字為正體版中文，在語言的拼音系統上，則採用注音符號法。雖然大多數幼兒從幼稚園階段就開始學習國際語言──英語，但是外語學習並沒有納入政府規範的學前課程標準中，官方與學界均一致反對幼稚園階段施行全英語教學，以保護民族意識、母語學習及文化傳承。

　　台北市的學前教保機構依據性質分成公立、私立與私立非營利三種，其中以私立的學前教保機構為最多，公立機構次之，而私立非營利學前教保機構較少，這是因為當地已有學費低廉的公立學前教保機構，所以私立非營利學前教保機構並沒有大量擴增。台北市的學前教保機構與其他縣市一樣，有幼稚園與托兒所兩種。幼稚園招收 4～6 歲幼兒，由教育局管轄；托兒所招收 2～6 歲幼兒，由社會局管轄。然而，幼稚園或托兒所均提供教育與保育的功能，卻有不同的政府管轄制度，亦產生了許多待解決的問題。台北市政府於 1997 年 11 月依據「臺北市幼兒教育改革諮議報告書：基層教育人員的心聲」，積極提出學前教育政策規劃，包括成立幼兒教育科與編制專責電子專刊等，讓幼兒家長能夠與市府專責單位聯繫，並取得重要的學前教保機構選擇資訊，並於 1998 年 8 月 1 日將國小教育科內的「幼兒教育股」獨立為「幼兒教育科」，成立專屬的行政處室編制。接續，1999 年台北市率先提出幼兒教育券的補助措施；而中央政府受到其他地方政府對於此項經費資源分配不均的壓力，於 2000 年正式施行全國性的幼兒教育券政策，補助 5 歲幼兒就讀私立立案幼稚園或托兒所一年一萬元的學費津貼。然而，教保功能重疊及管

轄制度不一的問題依舊存在。因此，自 2001 年起，當地政府因應幼兒人口下降、學前教保品質良莠不齊，以及精緻化幼教服務等需求，成立專門委員會以期望能推動幼托整合政策。直至 2011 年通過《幼兒教育及照顧法》，法案內容以學前教育與保育合一為共識，整合幼稚園與托兒所為幼兒園。期間，政府為輔助弱勢幼兒，及重新定位公立學前教保機構之功能，頒訂了「大溫暖社福套案——普及嬰幼兒照顧計畫」，自 2007 年 8 月 1 日起，擴大實施弱勢幼兒免除費用及優先就讀公立幼稚園及托兒所的福利措施。

二、台北學前教保服務之發展沿革

依據翁麗芳（1998）所著之《幼兒教育史》一書、中國學前教育研究會（2003）所編之《中國百年幼教》一書，以及林佳芬（2005）之〈台灣學前教育政策：幼托整合與國民教育向下延伸之探究〉一文等相關文獻，論述台北的學前教保之發展沿革。

（一）台北學前教保服務之沿革

分析當地學前教保服務近代之歷程沿革，自日本殖民迄今已逾 100 年，其發展階段可以分成三個時期，包括日本殖民的經驗仿效、國民政府遷台後的制度沿用，以及經濟成長後的本土特色建立。

1. 日本殖民統治期（1895～1945 年）——日本經驗仿效

1895 年起，日本 50 年的殖民時期，開啟了台灣正式教育基礎。其源頭始於日本政府授權台灣總督府開辦的「芝山巖學堂」，即今日的國立台北教育大學與台北市立教育大學之前身。自此逐步建立了日據時代的各級教育制度，而幼兒教育亦在其中，同樣有著濃厚的日式軍國色彩，有異於清末時「育嬰堂」所發揮的社會福利慈幼精神。1897 年，台灣人蔡夢雄在參觀了日本京都、大阪的幼稚園後，在台南創辦了台灣第一所幼稚園，名為「關帝廟幼稚園」，這也是第一所由台灣人為台灣孩童創設的學前教保機構。但是，由於幼兒教育的風氣、理念與需求，在當時的殖民環境中並不被重視等環境

因素，在經營兩年後即宣告關閉。

接續，1900 年起，日據時代的幼稚園多以服務日本子弟為主，例如：仿日本內地貴族學習院的「台北幼稚園」、台南日商明治製糖會社附設之「總爺幼稚園」等。幼稚園在此被視為新式教育，甚至是特權階級的奢侈品。至1920 年代，台灣各階層人口就業穩定，尤其以地方農業為盛，為維持青壯人口的社會貢獻，地方「鄰保」事業興起，由原本托兒所的照護形式，演變成兼具幼稚園功能的教保模式。由於民間托兒所的管理與資格較幼稚園寬鬆，在當時托兒所數量多於幼稚園。1937 年起，第二次世界大戰之中日戰爭期間，日本政府施行台灣殖民地之「同化政策」，希望藉由教育措施同化台灣人民具備日式皇民思想，其推動層面，在幼稚園階段開始有「共學」制度，摒除了以往日本皇民與台灣本地人民在教育上的階級差別。

2. 抗戰勝利後政府遷台期（1946～1969 年）──國民政府模式

1945 年，日本戰敗，當地的統治權還給中華民國。1949 年，國共內戰結束，國民政府遷台。此際的教育制度面臨巨幅的轉變，學前教育與其他各級教育制度一同依循國民政府的管轄方式；至此，幼兒教育由教育部管理，而幼兒托育則歸內政部管理。此時期在國民政府極力穩定政情與建設下，職業婦女的就業比率高，幼童的托育需求增加，尤其是軍公教眷區的部分；幼兒學前教育的數量與品質亦持續的發展與擴充。但是，此階段的教育資源多投入在國民教育、技職教育與高等教育階段；相形之下，缺乏充足的學前教育政策規劃與經費補助。其中，「幼稚園課程標準」在 1953 年修訂後施行了20 年，至 1975 年進行增修；而「幼稚園設置辦法」則沿用戰前於中國大陸所定之法，至 1970 年後進行制度上的增修。可見，當時學前教育因應社會變遷與需求，在民間成長的腳步雖然快速，卻缺乏政府的積極關注。

3. 社會復甦經濟成長期（1970 年迄今）──建立本土特色

走過了全力建設的 1970 至 1980 年代，跨過 1990 年代初期，社會各界對於教育制度期待之聲，風起雲湧，此階段正式進入了教育改革時期，並於

1996 年由行政院公布「教育改革總諮議報告書」。之後，教育部於 1998 年據此提出「教育改革行動方案」，其中亦針對學前教育部分，提出了一系列相關的政策規劃。此時期，由於社會復甦與經濟成長，幼兒托育需求增多，公立幼托機構漸序成長，而民辦的幼托機構則開始大量興學。此階段是學前教育建設的黃金時期，結合本地的教保需求與國外先進的學理，已經逐步發展成具有當地風土民情的幼兒教保模式。此後，民間機構亦陸續將台式幼教的優勢競爭策略，推展至中國大陸、香港、新加坡等地。彙整當地自 1970 年迄今的發展紀實，如下所述。

(1) 學前教保機構與師資的擴充

① 1983 年，二年制幼稚教育師資開辦。

② 1990 年，各師範學院中設立幼兒教育學系。

③ 1991 年，擴大補助各縣市政府興辦示範托兒所。

④ 1992 年，技職醫護專校開辦二年制的嬰幼兒保育科。

(2) 學前教保相關法規的修訂

① 1970～1977 年，「幼稚園設置辦法」進行三次修訂。

② 1975 年，「幼稚園課程標準」第三次修訂。

③ 1993 年，《兒童福利法》完成修訂。

④ 1994 年，《師資培育法》準予大學設置「幼稚教育學程」，並將公立幼兒教師列入正式師資。

⑤ 1995 年，「兒童福利專業人員資格要點」規定，保育人員需專科以上學歷。

(3) 學前教保政策的擬定

① 1999 年起，提高 5 歲幼兒入園率達 80% 以上。

② 2000 年，施行「幼兒教育券」政策。

③ 2003 年，內政部與教育部共同提出「幼托整合政策規劃結論報告」。

④ 2004 年，進行「國民教育幼兒班」的試辦。

(4) 學前教保制度的檢討

　　①現行幼兒教育券政策的正、反面成效差異。

　　②學前幼兒的受教機會均等與其公平性之質疑。

　　③托育與教育主管機構的功能重疊與職責不清。

　　④公私立學前教托機構及其教保人員的良莠不齊。

（二）台北學前教保服務之發展

　　2000 年過後，新生兒的人數大幅減少，社會失業率所形成的弱勢家庭孩童日增，加上國內教育與托育的制度亟需整合，因此，新世紀學前教保服務的展望，即朝向改革體制、穩健經營。

1. 學前教保合一方向

　　當地之學前教育階段並未納入正式教育學制，主要分成兩個系統——托兒所及幼稚園，並分別隸屬於行政院之內政部與教育部管轄。托兒所、幼稚園機構的設置依據權責與資本、經費的投注，分為公立與私立兩類。其學前教育系統，由於沒有國民教育的義務性與強制性，大多由民間業者經營，其所提供的教育品質良莠不齊；幼兒托育與教育的功能與職責亦呈現重疊不清，長期以來亟需政策與法令的統整，以減少教保機構在設立標準、品質管控、教職員資格、薪資福利等方面之差異。

　　目前當地政府致力規劃「幼托整合」為學前教保服務的發展方向，並於 2001 年成立專門的推動委員會，2003 年由內政部與教育部共同提出其結論報告書，並於 2011 年通過《幼兒教育及照顧法》，即將於 2012 年正式施行。

2. 投注經費補助，提昇 5 歲幼兒教育率

　　自 2000 年起，當地政府以多元化的幼兒教保服務為政策核心，並開始積極投入學前教保相關經費與政策的規劃，包括：留職育嬰制度、社區褓母系統、教保機構輔導評鑑……等。其中，提高 5 歲幼兒的受教育率是此階段的經費補助重點，預期能普及幼兒學前受教育率。2000 年施行「幼兒教育券」

政策，即有鑑於公、私立托教機構學費差距甚大，造成家長極大經濟負擔，針對年滿 5 歲且就讀於已立案私立幼稚園、托兒所之幼童，每人每年補助新台幣一萬元。其預期效益為協助孩童能更普遍的得到學前教育啟發，並透過家長選擇權之實施，提昇幼兒教育品質水準，縮短公私立幼稚園及托兒所的學費差距，減輕家庭經濟負擔，提高幼兒入園率，同時也降低職業婦女的照顧負擔。

3. 人口結構改變，關注弱勢幼兒

　　新世紀過後，教育改革的焦點由高等教育轉至幼兒教育，以因應社會人口結構的變遷，積極的關注弱勢幼兒，提高幼教的全面品質。然而，人口結構的改變狀態，進入 2000 年過後更為明顯，包括出生率下降的「少子化」趨勢，以及外籍母親育兒所產生的母裔語言文化不利等新時代困境。故，「國民教育向下延伸」政策，在 2005 年即由原本的全面施行，改於離島、原住民地區等開辦「國民教育幼兒班」，以補助社會弱勢族群幼兒為方向。由此可知，在人口結構的改變下，幼兒教育相關的社會福利補助則由全面普及的齊頭式平等，轉為集中經費的救濟效益，以關懷弱勢幼兒為優先。

三、台北學前教保機構服務行銷現況之問卷調查

　　依據作者 2007 年的相關研究，以問卷調查方式探知台北學前教保機構服務行銷之現況，內容包括瞭解服務行銷系統、目標定向、策略組合，以及其服務行銷推動困境與解決途徑等。

　　首先，在服務行銷系統部分，主要是分析當地學前教保機構在內部行銷、外部行銷、互動行銷等三個層面的知覺重要性與其實際運作狀況。根據研究問卷調查顯示，目前台北學前教保機構服務行銷系統，其內部行銷、外部行銷及互動行銷等三層面均呈現認知重要性高於實際運作，此即表示當地教保瞭解服務行銷的重要性，但是在實際運作上卻無法有效的「知行合一」。其中，在互動行銷層面，其認知重要性與實際運作均較其他兩層面為高，此顯示當地教保機構較重視教保人員與幼兒及其家長的直接服務與互

動。相形之下，機構內部人員的專業成長與外部推廣活動上，仍有待發展與提昇。

此外，不同基本變項的學前教保機構，經過統計檢定後亦有其差異性。其中，「私立學前教保機構」之行銷認知重要性高於「公立學前教保機構」；「幼稚園」之行銷實際運作高於「托兒所」；「有專責行銷單位與人員」的園所之行銷實際運作較高；園所歷史「6～10年」其行銷認知重要性較高於「11～20年」與「21年以上」；園所規模「101人以上」在行銷的認知重要性與實際運作較高；台北「東區——松山、信義、內湖、南港」與「南區——大安、文山」，在行銷認知重要性優於台北「北區——北投、士林」之學前教保機構。

其次，分析目標定向，係指學前教保機構的STP〔Segmenting（區隔）、Targeting（目標）、Positioning（定位）〕等規劃。目前，大多數的學前教保機構缺乏專責的行銷單位或人員編制。在市場區隔方面，當地機構選擇以「教育服務特色」為優先考量項目，而「區域特色」為次，「幼兒家長經濟能力」為第三。在目標市場上，有86%的機構並未選定目標市場，有選定目標市場的只有14%。而其市場定位方面，選擇自己機構為「穩定居中者」為多數，占44%；選擇「領先標竿者」占35%，選擇「新進挑戰者」占8%，選擇「跟隨學習者」占4%。

在策略組合的7P部分，當地目前的產品（Product）策略以「主題式教學」及「角落式教學」為最多；有兩成以上的園所會採用到雙語、蒙式；方案教學方式，占一成；而採用多語言、福祿貝爾、華德福等教學方式則為少數。價格（Price）策略方面，「中價位」占44%，「低價位」占36%，「高價位」占20%。地點（Place）策略方面，以「交通便利」為主要考量，「鄰近小學」與「鄰近住宅」等為次之。推廣（Promotion）策略方面，以「辦理學生學習成果展覽或慶典表演」及「慶典表演及舉辦園所的開放參觀日」為最多。人員（People）策略方面，有九成的園所認為其具備「合格專業」與「敬業負責」。實體設備（Physical evidence）策略方面，有八成的園所目前所強調的是「教具教材」。過程管理（Process management）策略方面，有七

成的園所其目前所強調的是「服務考核獎懲」。

　　最後，在服務行銷的施行困境與其解決途徑上，依據研究調查得知，有85%的學前教保機構有行銷推動困境，沒有推動困境的占15%。其原因最多為「園所尚未建置專門的行銷單位及人員」，其餘依次為「園所事務繁忙無足夠時間推動行銷策略」、「園所未編列經費以推動行銷策略方案」、「園所教職員工未能感受到行銷的重要性」、「園所經營主管缺乏行銷實務之認知與經驗」等。至於在行銷策略解決途徑部分，大多數選擇「以園所內部的人力與資源進行改革」，占76%；而選擇「聘請專業行銷顧問公司給予指導與協助」，占22%；其他占2%。而其解決重點，大多數優先想要解決的為「實體設備」，其餘依序為「教育服務內容」、「推廣方式」、「教育服務人員」、「服務過程」、「價格」、「地點」。由此顯示，目前台北學前教保機構對於實體設備與教育服務是想要改善，居前兩名；而價格、地點策略較為認同，大多數的園所想要改善的意願較不強烈，居於後兩名。

四、台北學前教保機構服務行銷個案之經驗敘說

　　台北學前教保機構服務行銷以機構類型與成功經驗進行立意取樣，共選取個案兩例，包括一所公立A幼稚園與私立B托兒所。其訪談對象為學前教保機構的園所長Ap、Bp，及資深教師As、Bs。在A、B兩園所的經驗故事敘說中，首先呈現的是整體故事歷程，說明個案園所的故事源頭，運用第三人稱的視框，進行內外環境的速寫來勾勒出整體故事的歷程脈絡；接續，再分析園所服務行銷之成功經驗主題故事。

（一）A園的經驗故事敘說

　　　　「一所以行動研究化解招生危機的公立幼稚園」

1.A園的整體故事歷程脈絡

　　故事的開始，要先從A園的體制與建置開始說起，由現任的園長Ap及一位資深教師As來替這所幼稚園敘說。

(1) 五月幼生報名熱潮

A 園是一所公立幼稚園，附設於公立國民小學中。在台灣所謂的公立幼稚園或托兒所，他們的經營權責與薪資福利都是由政府管控，幼稚園教師及托兒所保育員的專業合格率高且素質整齊，並定期接受地方政府的督導與評鑑。因為有政府的品質保證，加上學費比私人園所低廉，因此，公立學前教保機構一直是家長們的理想選擇。尤其是台北市人口稠密地區的幼稚園，每年到了 5 月幼兒入學的招生期，總可見到家長們報名的熱潮，由於名額有限，以及為了避免公平性被質疑，園所通常會以抽籤方式進行。A 園歷史悠久，是該地區早期幼教啟蒙源地之一，有著良好的口碑聲譽；長久以來，A 園都是每年 5 月幼生報名熱潮的園所之一。

(2) A 園的歷史沿革

A 園園長 Ap，與另一位受訪的資深教師 As，在這個園所服務均已經超過十年，對於 A 園的園務發展相當熟悉。她們表示，A 園創建在日據時代，當時日本為了實行皇民化政策並傳授日語，就在各國民小學設置「幼稚班」。光復後，國民政府播遷來台，教育部核定擴大編制，將原本的附設幼稚班改為附設幼稚園。數十年來，A 園附設於 A 小學下，就如同生命的共同體，彼此扶持成長且茁壯；大多數的 A 園畢業生就直接進入 A 小學就讀，A 園與 A 小學有著共同的口碑與評價。A 園與其他公立幼稚園一樣，除了園長之外，最上層的行政主管就是這個附屬小學的校長；通常，小學校長會充分授權幼稚園園長，讓園長運用職能來管理園務。

A 園的地點位置在日據時代是一個小型的商業集中地，也是當時人口籌密度較高的地方；現今的地段歸屬於住宅與商業用途的混合區。從 1970 到 1980 年代這 20 年間，由於人口的流入與成長，附近陸續新建了三所國小及其附設幼稚園，而其他私立的學前教保機構亦不斷地增加。A 園的所在地形成了一個互跨四所國民小學的自由學區，由此可見當時人口繁盛所造成的學校緊鄰現象。

(3) 教育改革的年代

　　時光荏苒，A園邁入 1990 年代，那是一段教育改革風起雲湧的時代，上至大學聯考、下至幼托整合，都醞釀著各階層學生及家長的憂心與期待。從1996 年的行政院教改會總諮議報告書公布後，政府推出一連串的教育改革行動方案，幼兒教育也沉浸在這波更新的浪潮中。特別的是，在這波教育改革的浪潮中，各級教育的改革方向都朝著以學生為核心的課程或教學方向去更新，例如：推動「本位課程」、「開放教育」等；唯一只有幼兒教育的部分是朝著經營管理的方向進行改革，例如：「幼托整合」、「園所評鑑」、「幼教津貼」等。

　　就在這段期間，原本在外縣市任教的 Ap，年輕的她因為結婚遷居的關係，經由地方政府的聯合介聘方式調動至A園，而此時A園的園長則為資深教師 As。細數十年的光陰流梭，Ap 由原本的青澀新手，現在已經是一個能獨當一面的園長。一路上，她的前輩As，一直在她的身旁給予扶持與指導。

(4) 忙碌的教師團

　　在 A 園，園長的職務是必須輪流擔任的，首先是由有園長資格的人擔任，尚未取得資格的老師在服務年資符合規定的情況下，陸續接受政府的培訓，取得資格後再與其他有資格的教師一起輪流擔任。Ap表示，公立幼稚園並沒有專任行政人員，所有的園所行政業務均需要由教師兼任，所以 Ap 目前雖然是園長但是仍必須帶班，其他教師則有義務幫忙教學、保育、餐點、設備、總務等行政工作。園所裡的每一位教師都具備各項才藝，在課程教學與行政支援上，極力的貢獻自己的能力。

(5) 招生不足的危機

　　如今，Ap 與 As 的角色互換，除了歲月更迭的消長外，也可以清楚的感受到她們的互信與共識。Ap 與 As 表示，那是因為她們有著共同的革命情感，並不是每個公立幼稚園都能有她們的工作氣氛，因為她們的感情就是建立在危機與扶持上。故事就發生在 Ap 來到園所的第三年，1998 年 5 月的新

生報名期間，園長 As 發現當年的幼兒人數不足，未來可能會減少一位教師的編制。這項消息對於原本在地方上極受家長認同的 A 園而言，就像晴天霹靂，讓她們覺得不可置信，這個危機怎麼比政府的預測來得提早且突然。As 覺得必須深入瞭解，因為同一自由學區內的其他幾所小學附設幼稚園，在當時並沒有發生幼兒人數不足的現象。另外，她警覺到未來可能面臨的減班問題，Ap 將會是最重要的利害關係人；因為如果真的要縮編教師一人的話，最有可能被迫調動的就是年資最淺的 Ap，而她又才剛從外縣市調入；這對 Ap 而言，一定會是一項打擊。所以，As 決定帶領 Ap 一起解決這項危機。

(6) 組成行動團隊

首先，As 和 Ap 一起將這項幼兒人數不足的消息告知 A 小學的校長 Z，當年的 Z 校長正準備帶領學校教師嘗試行動研究，所以他鼓勵 As 和 Ap 以行動研究的方式來解決問題，先進行背景分析再開始尋找策略。Z 校長並引薦小學部門的一位組長 Y，因為這位組長大學時就讀商業類科，而且他的親友在學校附近擔任里長並開設安親班；Z 校長覺得 Y 組長的企劃及宣傳能力很好，又有地方人脈關係，可以協助 A 園進行招生工作的推廣。

果然，在 Z 校長及 Y 組長的加入後，很快的轉換了原本的困境。就如同 Z 校長的建議，他們共同組成行動團隊，分別貢獻自己的見解與專才。Y 負責 A 園外部潛在家長的需求探詢，Ap 負責 A 園內部教師及幼兒家長的意見訪查，As 則籌備第二波的招生行政作業，Z 校長則以大家長的身分督導整個活動。

(7) 環境施工的影響

經由內部與外部的探訪，他們發現了一些原本看不到、被忽略的角度，而這個角度卻是家長所在意的。原來，A 園入口旁邊有一長排圍牆、行人走道及馬路，由於道路拓寬的因素，已經施工了很長的一段時間；而這條道路卻是家長每日通往 A 園的重要必經交通路線。A 園的教職員工雖然只感覺到有些吵雜及行走不便，但是附近的民眾對於這項施工所帶來的噪音及交通不便等已經抱怨連連。招生前夕，A 園中班的一個家長在帶孩童上學途中，經

過施工路段時，發生意外事故，雖然沒有生命危險，但是受傷家長請求國賠的事情卻成為新聞報導事件，也引起了鄰里間的議論。學校對於這件事情並不在意，大家都認為圍牆之外的工程意外，是屬於校外的意外事件，卻沒想到施工的不便與不安，卻造成附近家長的擔憂。因此，原本比較鄰近A園的家長，有一些在當年選擇了自由學區裡其他國小附設的幼稚園。出生率逐年下降，造成學前幼兒人數的減少，加上公立園所並沒有娃娃車接送，所以學區內最鄰近園所的家長們，如果不選擇A園，的確會造成A園的招生危機。

(8) 找出問題核心

除了旁邊道路拓寬的施工隱憂，還有其他具重要性卻沒有被注意到的問題嗎？行動團隊從與家長們的對談探詢中，彙整出一項主要核心議題：「反正公幼都一樣！」當附近的幾所公立小學附設幼稚園所提供的教保服務愈來愈相近時，A園的環境建築比附近其他公立幼稚園老舊；而且，家長必須自己接送幼兒上下學，交通路線因長時間施工而變得不安全又不方便的情況下，家長的選擇當然可能產生替代性變化。

(9) 解決困境

行動團隊在瞭解到可能影響家長選擇的幾項因素後，在第二波招生報名時，就印製了宣傳單，上面簡單的宣揚A園過往的傑出表現及招生訊息，並將宣傳單張貼在附近里長的告示牌榜上，委請里長在傍晚民眾用餐時間廣播A園招生的訊息。此外，在A校校門口張貼周圍道路施工即將結束的日期告示，讓已就讀及想要就讀的家長在接送幼兒時，可以瞭解到周圍工程進度，未來即將有更舒適方便的道路環境。

(10)化危機為轉機

經過這一次的經驗，A園開始瞭解到少子化的時勢已經到來，5月報名熱潮的光環不可能永遠都在，沒有孩子就沒有園所，老師間的調校流動也會是趨勢。A園從一次提早到來的危機，察覺到必須儘早為少子化所形成的競爭挑戰進行準備。Ap與As聽從Y組長的建議，即使A園是公立幼稚園，

也應該提早進行整體行銷規劃，可先建立內部的優勢特色，再增加推廣宣導以提高知名度，並隨時關注外部環境的變化。

後續，A園度過兩波新危機，2000 年的幼兒教育券施行，只有私立立案幼托園可以領取該項學費折抵的補助，對於公立學前教保機構造成部分的衝擊；到了 2005 年，幼兒入學人數已經明顯銳減，附近公立園所及小學都面臨到招生問題，市政府甚至已經規劃將幾所同一自由學區的小學合併，空出閒置的教育空間，改建成其他社區活動場所。然而，此時的 A 校及其附設 A 園卻能屹立不搖，成為附近學校併入的主體，因為他們提早掌握了行銷的核心關鍵，化危機為轉機。

2. A 園行銷策略之成功經驗主題

故事中的 Ap、As、Z 校長、Y 組長等，除了 Y 組長、Z 校長瞭解行銷策略外，Ap、As 都是經由行動研究團隊的同儕學習，間接的瞭解行銷的意義與功能。以下進行 A 園行銷策略之成功經驗主題的理解與詮釋。

主題 1：利害關係人的積極投入

利害關係人的積極投入，可以說是 A 園成功經驗的第一步，也是重要的基礎。如果沒有這個根基，就沒有接下來的後續發展。在招生危機中的 Ap、As、Y 組長及 Z 校長，當時是 A 園招生危機的利害關係人。對 Ap 而言，幼生減少所造成的工作調動，當時資歷最淺的她，可能成為第一個被調動者，她很憂心。而 As 則是當時的園長，她與 A 園有著濃厚的情感使命與行政責任。Z 校長身為 A 校的大家長，必須領導同仁找出原因、度過困境，迎向未來。至於，Y 組長雖然與 A 園沒有直接的關係，但是接受 Z 校長的請託，在行動研究團隊中如同專家，給予行銷策略規劃的指導。以下就 Ap、As 的訪談內容，進行摘錄與相互印證：

「我很感謝大家，如果當時沒有他們的帶領，我想現在可能已經被調動到其他學校。……我記得當年是我調動到園所的第三年，已經

過了調動保障年限，我又那麼喜歡這裡的環境……。我覺得必須投入更多時間在園所裡，因為我不想離開這裡。……」（Apf/20070125/0925）

「我對Z和Y覺得有點抱歉，當年Z校長希望我們將過程寫成行動研究報告，和大家分享我們的經驗，但是我只想利用一點暑假的空檔好好休息，……最後並沒有寫成書面，現在想想總覺得有點可惜。」（Asf/20070126/1510）

主題2：行銷團隊裡的異質人才

　　一個團體裡面，如果成員同質性過高，就像平靜的湖水，很難激起精彩的浪花；唯有廣納異己，吸收各式人才，才能讓人力團體猶如一道活泉，不斷激盪，生生不息。故事中A園擁有忙碌且才華洋溢的教師團隊，但是她們的同質性過高，在遇到問題時很難有突破性的見解，直到Z校長及Y組長的出現，將行動團隊及行銷推廣理念帶給A園。

　　其中，Y組長就是A園行銷成功經驗中關鍵性的異質人才，他的商業經營思維受到Z校長的賞識，所以加入了A園的行動團隊，教導Ap、As行銷策略，喚醒了A園原本守株待兔式的招生方式。但是，由Ap、As的敘說發現，Y在學校團體中由於學習背景與處事風格的差異，容易成為團體中的標新立異者，而遭到排擠、曲解或誤會。以下就Ap、As的訪談內容，進行摘錄與相互印證：

「聽說Y現在在泰國當華語教師，他真的很不一樣，喜歡接受挑戰，有點像古時候的謀略家……。有一回我們一起舉辦讀書會，他告訴我們，公立學校的經營，將來都有可能民營化，所有的行政主管都應該有商業的經營管理理念，不可以自恃清高就拒絕學習……。」（Apr/20070130/1100）

「這幾年，Z校長及Y組長先後的離開學校，他們對學校很有貢獻
……。Z校長用行動研究的理念，帶領大家一起解決問題。Y就很
特別，他是學校裡少數有商業背景的老師，家裡又在開設安親班，
有些討厭他的同事，還會說他鬼頭鬼腦……。有一段時間，學校裡
有人傳一些關於Y的謠言……，我認為那些都是謠言，他在我的印
象中是一個熱情直率的年輕人，非常優秀。」（Asr/20070130/
1430）

主題3：非正式意見探詢的收穫

在正式的行銷研究中，大多是採用正式的問卷或訪談，來瞭解消費市場
的顧客意見；但是A園故事中，所採用的方式則是屬於非正式的意見探詢，
由教職員工以閒話家常的方式，向學區家長探詢他們的想法、觀點與需求
等。結果，所得到的資訊是事前所意料不到的，給予A園教職員工更深層的
體悟。以下就Ap、As的訪談內容，進行摘錄與相互印證：

「我本來也不知道什麼是行銷策略，都是Y用他們家經營安親班的
例子來告訴我們。印象最深刻的是他教我們做市場調查，他說可以
用很正式的方式做，也可以用不是很正式方式做；正式的方式，過
程比較嚴謹，非正式的方式，過程比較輕鬆自然……。我和 As 一
致認為非正式的方式比較適合我們……。」（Apf/20070125/1135）

「當時我們就發現這種先有目標，再與家長閒聊的方式很不錯，比
較輕鬆，效果也出奇的好。……最後我們發現，原來歷史悠久不是
我們被家長肯定的優點，環境老舊跟道路不安全竟然全部都是我們
的弱點。這些意見，我們之前都沒有認真去想，因為我們都陶醉在
以前的光環中……。」（Asf/20070126/1320）

主題 4：蝴蝶效應的省思

在行銷管理中，「蝴蝶效應」是有一個著名的典故，提醒我們處於渾沌環境中，應該要有敏銳的警覺力，不能輕忽任何細微的線索現象，例如：故事中道路拓寬事件，A 園認為那只是校園外的交通施工，卻沒有以家長的角度去思考，公立幼稚園沒有娃娃車接送，家長必須自己接送幼兒，當時路況的不安全與不方便的確會影響家長的意願；隨後，當家長透露出：「反正公幼都一樣！」的訊息時，A 園馬上省思到「顧客至上」及「發展自我特色」的重要性。這就彷彿展翅飛舞的蝴蝶，我們如果只將視角放在表面上的翩翩起舞，就可能輕忽了遠方即將颳起的颱風。以下就 Ap、As 的訪談內容，進行摘錄與相互印證：

> 「……現在輪到我當園長，我對於危機管理非常的重視，因為這些小小的潛在危機，都有可能造成重大的影響，尤其是影響到以後的口碑與形象。……還記得 Y 從家長那邊知道『反正公幼都一樣！』的訊息，當時我們就痛定思痛，決定好好發展園所的特色，……一定把我們的優點推廣出去，把我們的缺點補救起來。……這幾年下來，我們 A 校及 A 園的各方面表現都很好，市政府已經規劃了少子化趨勢下的小學合併案，我們學校是被保留下來的，旁邊的另一所小學跟附幼就要被合併在我們學校內……」（Apf/20070125/1145）

> 「Z 校長告訴我們，小朋友和家長就是我們的顧客，顧客滿意度是很重要的，如果我們無法瞭解顧客要什麼又不要什麼，那麼最後的結局就是顧客選擇不要我們。在當時聽起來，有些危言聳聽的感覺，甚至聽校長講時，我們都會感到不舒服……，事過境遷，現在真的體會到顧客至上的時代已經到來。……我們必須要能體貼家長的需要，……也慶幸還好我們提早做到了……。」（Asf/20070126/1350）

（二）B 所的經驗故事敘說

「一所與地區媒體合作的私立托兒所」

1. B 所的整體故事歷程脈絡

故事的開始，一樣先從 B 所的體制與建置開始說起，由現任的所長 Bp 及一位資深教師 Bs 來替這所托兒所敘說。

(1) 托兒所立案

B 所為什麼選擇立案托兒所呢？原因是在台灣的幼稚園和托兒所都可以提供幼兒教育服務，但是兩者立案的條件與地方政府管轄均不同。幼稚園受地方政府教育局管轄，招收 4～6 歲幼兒，主要教育服務人員為幼教師；而托兒所受地方政府社會局管轄，招收 2 歲至學齡前幼兒，主要教育服務人員為保育員。由於服務內容相同，大多數的經營者會朝著托兒所的方向去立案，因為托兒所可以收托幼兒的年齡層較大，保育員的薪資相較於幼教師低，而且立案所需要的場地限制較幼稚園為寬鬆。所以，B 所的立案，創辦人選擇了托兒所。

(2) 從保育員當起

Bp 今年 40 歲，從 18 歲自台北市某家高職幼兒保育科畢業後，就一直留在當地工作，從未離開過幼教的崗位，距今已經有 22 年從事幼教的經驗，這是 Bp 相當驕傲的地方。Bp 回想在 20 年前，保育員的薪水並不豐厚，但是在整體的社會薪資結構中還算合理；隨著台灣的經濟起飛與公立學校教師的大幅度調薪，保育員的薪水卻沒有順勢跟上。在這 20 年時光中，幼稚園教師的學歷從專科提昇到大學，而保育員的資歷則區分成高職畢業的助理保育員及專科畢業的保育員；Bp 感嘆保育員的身分似乎永遠比幼教師矮一截。直到最近，幼托整合的規劃草案傳出，可能會將幼教師與保育員的學歷全面提昇至大學，以減少幼教師與保育員的階級地位。

Bp 分析目前公立幼稚園初任教師的薪水大約是新台幣 36,000 元，而私

立助理保育員的薪水卻只有新台幣 18,000 元，這是相當懸殊的差別。不過，無論薪資福利有多大的差別，台灣的家長對於幼兒教保工作者一直尊稱為「老師」，不分地點是幼稚園或托兒所；就是因為如此，托兒所保育員所肩負的職責使命與幼稚園教師並沒有差異。

(3) 集資創業期

有感於保育員的薪資福利不夠健全，Bp 比其他同事更努力，她認為與其躲在角落裡自怨自艾，不如迎向陽光，即使光線刺眼，可能揮汗如雨，Bp 還是以「流汗總比流淚好」作為人生的座右銘。從最初只能跟車的助理，到能夠帶班當老師，後來被拔擢為組長、主任，直至取得園長資格，這一段路程將近有十年的光陰。

十年後，Bp 決定與家人集資創辦 B 托兒所，由夫家提供住家 1、2 樓作為園所的場地，Bp 在先生的資助下，自己擔任所長，開始耕耘自己的夢想。B 所創辦於 1997 年，初期只有 3 個班級，慢慢的成長到現在的 12 個班。在這期間，Bp 從所裡的教師中，發現了一個非常盡責的教師 Bs。Bp 非常賞識 Bs，就此展開兩人的長達九年的共事情誼，Bs 也成為 B 所的重要幹部。Bs 也表示，她一路能順遂的走過，中途沒有離開幼教崗位，都要感謝 B 所是一個體質健全的園所。

(4) 培植人才

Bp 的經營方式與其他園所不太一樣，一般園所會符應目前私立學前教保機構的常規，壓低實務教保工作者的薪資。但是，B 所的營運模式則相反，朝逆向操作。因為，Bp 所長能深刻的瞭解到薪資福利對於工作士氣的提昇，所以當園所的營運開始有淨盈餘時，她首先要做的就是幫員工加薪。Bp 認為留住好人才的方式就是首先要滿足基本需求，再來就是培植人才，鼓勵進修、舉辦研習、定期交流分享等措施，對於年輕的教保員而言，這是很重要的。Bp 認為一個好的園所，必須仰賴師資的穩定；頻繁的人力流動，會造成家長對於園所的不信任。她強調穩定並非一成不變，而是在穩定中求成長，所以她在園所中安排各種學習活動，而 Bs 就是這些進修課程的主要規劃者。

(5) 楷模學習

　　在 B 所的教學與課程中，楷模學習是 Bp 所提倡的主要核心方法，她主張在教室中，教師應該當幼兒的楷模，給予幼兒充分的愛與榜樣示範；在園所中，主管應該是教職員工的楷模，凡事以身作則；甚至，在與家長互動中，也要具備同理心，成為家長楷模，營造良好的親職教育。其實，Bp 當初會賞識 Bs 的主要原因，就是因為 Bs 無論是擔任帶班老師或是園所主管，她總是能恰如其分的表達出自己的角色職責。Bs 成功的貫徹園所長 Bp 的理念，無形中也減輕了 Bp 的角色壓力。

(6) 加入專業協會

　　B 所由於師資優異，加上與家長的互動良好，前面五年，整個營運績效在穩定中求發展，最近這五年，B 所的成長則大步向前。關鍵是 Bp 參加了民間的幼托協會組織，結識了不少同業的經營者。喜歡尋找楷模對象的她，認識了幾位知名的補教業負責人，深刻察覺到專業團隊的重要性。雖然她不需要一個專職的行銷推廣專員，但是絕對需要一個專業諮詢顧問，讓更多家長能認識 B 所。Bp 覺得經過之前的耕耘期，B 所擴大經營的時機應該要到來了。

(7) 聘請行銷顧問

　　就在三年前，B 所正式聘請了行銷顧問 X。X 早期是兒童補教界的經營高手，後來才跨足到幼教界，目前大部分的時間都在幫台商在大陸設置幼兒園擔任指導顧問；所以 X 對於 B 所的聘請，原本是婉拒的，他認為能給予 B 所的時間有限，況且 B 所的內部行銷和互動行銷已經都建制出不錯的運作模式了，外部行銷的部分只要多加強即可。但是，礙於 Bp 的誠摯請託，X 最後以友情客串的方式，應允幫助 B 所進行外部推廣。

(8) 新聞報導

　　X 與地方電視台有長期合作的夥伴關係，他建議 Bp 與地方電視台結盟訂約，在電視台每月所發行的節目刊物上購買廣告版面，以長期顧客的友好

關係，委請電視台在其地方新聞快訊中報導 B 所舉辦的活動。這項外部行銷的推廣，果然引起很大的迴響，B 所的知名度與班級數迅速的成長。少子化的現象，這幾年在 B 所的幼兒人數上似乎看不出太大的影響。

(9) 迎接幼托整合

　　就當 B 所經營得愈來愈好時，國內的幼兒教育政策即將要有重大的改變，那就是幼托整合政策的推動。所有的幼稚園及托兒所必須改變體制，全部以幼兒園進行立案與管轄。其中，幼兒園的教育服務人員也必須提高學經歷素質，Bp鼓勵所內尚未取得幼教師資格的保育員，利用夜間或假日時間進修，一起迎接幼托整合的到來。

(10)擴增安親班

　　B所擁有自己的場地，並沒有龐大的租金壓力，很快的除了成本攤平外，B所已有不錯的財務收入。Bp認為師資費用不能吝嗇，這些長期培育的師資就是 B 所的資本；此外，廣告宣傳費用也是必須的支出。最後，所累積的結餘，Bp 本想再開一所分校，但是 X 顧問卻不贊同，他認為開設分校必須另外找地點，必須承擔較大的風險；然而，在原場所擴增安親班就不需承擔這些額外的成本，也可以讓畢業生在就讀國小時間回到熟悉的環境接受課業輔導。

　　Bp 接受了 X 顧問的建議，穩健的經營已經在地方上紮根的 B 所，並附設安親班。Bp 非常滿意這 20 年的耕耘，並珍惜現在收割的果實；未來她不管面對更嚴峻的少子化現象，或充滿變數的幼托整合局勢，B 所還是會繼續向前邁進。

2. B 所行銷策略之成功經驗主題

　　故事中的 Bp、Bs、X 顧問等，由於 Bp 的珍惜人才與重視家長感受的理念，讓 B 所在還沒經過 X 顧問的指導下，就已經有不錯的內部行銷及互動行銷制度，所以 X 顧問協助 B 所推廣外部行銷，即讓 B 所的班級數及知名度大幅成長。以下進行 B 所行銷策略之成功經驗主題的理解與詮釋。

主題 1：重視人力資源的培植

　　幼兒教育服務內容的良莠，關鍵在於師資及教學內容。如果將師資費用視為人事成本，經營者大多會想要壓低成本以求取較高的利潤；但是，若是將其視為人力資本，則經營者會珍惜資本的效益，捨得把對的人放在對的位置上，並給予適當的報酬鼓勵。

　　故事中的 B 所所長 Bp，就是一個很好的典範。雖然，早期她並不懂得什麼是行銷，也不瞭解內部行銷的意義，但是，憑著她在幼教界多年的實務經驗，她知道教職員工是重要的人力資源，給予他們好的薪資福利與專業進修，必能造福園所的幼兒，B 所才能持續成長。就是這樣的領導胸懷，不知不覺中，B 所的內部行銷已經建製完成，也奠定了後續行銷推廣策略成功的基礎。以下就 Bp、Bs 的訪談內容，進行摘錄與相互印證：

> 「……現在台北大部分的私立園所都還是採用秘薪制，也就是每一個員工的表現，園所老闆會給她們不同的加薪鼓勵，沒有一定的標準，我當年就是在這樣環境中走過……。我覺得這種制度不好，園所裡都是女生，大家在一起總是會比較誰的工作多，誰的薪水少之類的話，真的會產生許多問題。所以，我們的薪資福利是公開的，有一定的獎勵方式……，因為我是過來人，她們的感覺和她們的期待，我都懂……。基本上，我很珍惜人才，她們也是我的重要資本……。」（Bpf/20070122/1025）

> 「我們所長Bp，她是我的貴人，我能有現在的表現，全部是她一手提拔的。我來到這裡的第四年，在園所擔任教導組長，因為結婚的關係，本來想要離開這裡，找一個離住家比較近的工作……。沒想到所長告訴我，我對園所很重要，她不希望我離開；也不知道怎麼了，聽了她的話，好像下了魔咒一樣，最後是我離不開她。……這

幾年我也取得所長資格，開始擔任主任的工作……，整個園所裡，
我跟隨 Bp 最久，薪水也是最高的；不知道的人，還會以為我是她
的家人……」（Bsf/20070123/1350）

主題 2：標準化的服務模式 —— 同理心、愛與榜樣

在 B 所中，Bp 與台北市大多數的私立學前教保機構一樣，採用「主題」
加上「角落」的教保模式，這樣的課程內容是一般常見的；Bp 根據自己的教
育理念——楷模學習，在教室內、園所中，及與家長的互動中，建立楷模學
習的情境。B 所主張以愛及榜樣作為與幼兒互動的準則，以同理心作為與家
長互動的準則，建立以同理心、愛與榜樣為標準化服務的模式準則。以下就
Bp、Bs 的訪談內容，進行摘錄與相互印證：

「……我記得讀書的時候，最欣賞的教育家就是班度拉（Bandura），
他所提倡的楷模學習，雖然淺顯易懂，卻發人省思……。所以，我
自己當老闆的時候，就決定不管採用什麼教保模式，一定要將楷模
學習的理念精神貫穿在整個園所……。Bs 就是最能發揮這個精神
……，她知道我要的風格是什麼，也幫我把其他老師訓練的很
好。」（Bpf/20070122/1130）

「Bp 所長最常說的一句話，就是教育無他，愛與榜樣而已。這句
話，我們全部的教職員工都會背。……我也經常提醒園所的老師
們，隨時注意自己的言教、身教……。其實 Bp 所長就是我們的榜
樣，她最令大家佩服的地方，除了慷慨大方外，就是與家長的相
處，她完全能站在家長的角度上思考問題……。在我們的園所，我
們非常重視同理心，我們最常和家長講的一句話就是——您放心，
您的感覺我們完全能感同身受。」（Bsf/20070123/1430）

主題 3：行銷顧問的專業諮詢

　　在台北，除了連鎖加盟的學前教保機構有專業的行銷團隊外，一般園所對於行銷並不十分瞭解；早期的教育人員大多學習過教育行政學或托育行政機構管理，卻沒有涉及行銷部分，所以很多人會誤以為行銷就是推銷，故事中的 Bp 就是一個例子。當她真正接觸到顧問 X 的時候，她才明白行銷是包含整體的運作，有內部、外部及互動等三部分。所以，X 建議 B 所在當時只要補充外部行銷的部分，就可以讓更多幼兒及家長從宣傳中感受到 B 所的優點，走進 B 所的幼教園地中。以下就 Bp、Bs 的訪談內容，進行摘錄與相互印證：

　　「我的園所本來就運作的不錯，加上 X 提供和第四台業者合作的行銷策略後，我們的園所真的成長得很快，快到我差一點想要再開一間分校⋯⋯。還好，X 趕快提醒我，時機不對。他建議我們只要增加安親班的部分就可以了⋯⋯。後來的結果證明，他的建議是正確的，太快擴充其他據點，會增加我們的成本壓力，萬一初期的營運沒有很順利，也有可能拖垮我們這些年的努力⋯⋯。其實我們現在的國小課後安親班也運作的不錯，大部分的學生都是我們的畢業生回籠，X 建議我們教室就設在園所裡，另外開闢一個專用的樓梯，讓國小部門的學生可以方便進出，而且不會影響幼兒部門的日常運作。」（Bpr/20070124/0930）

　　「我們不常看見 X 顧問⋯⋯，他真的很有商業頭腦，而我們學幼教的人最欠缺的就是這一塊。⋯⋯X 也很謙虛，他表示如果我們有幼教實務經驗的人，再來學行銷管理的話，那是如虎添翼，他就沒戲唱了⋯⋯。其實除了連鎖加盟的幼兒園所以外，大部分是沒有行銷顧問的，我們真的很幸運⋯⋯。X 顧問現在在大陸投資的幼兒學校，我也有幫忙他做課程規劃，提供他一些意見，他有表示過台北

這邊的師資素資比較齊全，大陸那邊的師資條件很混亂。」（Bsr/
20070124/1350）

主題 4：與地方電視台的策略合作

　　一般的學前教保機構進行外部推廣，大多是為了招生及提昇知名度，常用的方法以廣告文宣居多，有時候也會以舉辦活動的方式來進行；不過，能吸引媒體報導的則是少之又少。故事中的 B 所，在顧問 X 的引薦下嘗試與地方第四台的媒體合作，在互謀其利的情形下，成功的將 B 所的知名度與辦學理念行銷到地方社區。以下就 Bp、Bs 的訪談內容，進行摘錄與相互印證：

「……幼兒的人數已經超過 100 人，家長也變多了，加上第四台電視報導，認識我的人愈來愈多；我現在在附近走動，都很注意自己的形象，因為我是園所的代表人物。……例如：我們的畢業典禮，就是採用現場報導及錄影轉播的方式，……我們當天的活動從晚上 6 點半到 9 點，大概會在 7 點的地方新聞報導時段，他們先現場連線報導我們的活動，接下來幾天再進行錄影轉播……，鏡頭有時候會照到家長及小朋友，他們都很期待在錄影節目中看到自己。」
（Bpf/20070122/1145）

「我們現在已經習慣讓地方新聞來報導了，也懂得如何維持好的新聞形象……，這些是以前想像不到的……。Bp 園長大部分都會將這些報導蒐集起來，在老師們定期研討課程中，放出來給我們觀看，我們會設計一些討論題目，讓老師們針對自己的表現進行討論……。其實，老師看到自己上鏡頭的模樣，也會很在意；這種照鏡子式的修正法，真的很有效；不用採取什麼加薪扣點的方式就可以督促大家，好上加好。……我們全部的教職員工對於新聞形象都非常的注意，也很小心。」（Bsf/20070123/1510）

（三）服務行銷個案之成功經驗架構

　　服務行銷包含了系統架構、目標定向、策略組合等三部分。據此，彙整上述 A、B 兩個案之經驗述說及其成功經驗主題，以分析服務行銷之成功經驗架構。

1. A 園行銷策略成功經驗架構分析

(1) 服務行銷系統

　　服務行銷系統包括內部行銷、外部行銷、互動行銷等三部分，A 園由於歷史悠久，且為公立學校附設幼稚園，有健全的教師進修制度，並重視人力的輪值與分工，加上沒有明顯權力階級與同儕競爭等問題，組織氣氛和諧，溝通管道多元。由此可知，A 園在內部行銷的部分已有不錯的基礎，唯一欠缺的是激勵措施。

　　而外部行銷的部分及互動行銷的部分則較不足，在未遭遇減班危機時，A 園幾乎沒有去思考過招生的問題，習慣了以往家長爭相排隊報名的榮景。在與家長的互動過程中，多以公立學校老師的身分自居，較少去反思自己能給幼兒及家長些什麼？直到遭遇招生危機及發現「反正公幼都一樣！」的現況時，才驚覺必須及早建立核心特色及推廣宣傳。

(2) 行銷目標定向

　　行銷目標定向係指學前教保產業市場之 STP 等規劃。其中，A 園由於是公立幼稚園，主要的市場區隔方式是依據居住區域的國民小學學區，其目標市場，即為 A 園鄰近學區內的幼兒。至於市場定位的部分，A 園在行動研究過後，以朝著成為附近幾所公立國小附設幼稚園的標竿領導者而邁進。

(3) 行銷策略組合

　　目前台北市公立幼稚園的招生分成兩階段，第一階段報名以學區內的幼兒為主，第二階段則在報名截止日內，不分學區均可報名；所以，第二階段的報名，鄰近地區有缺額的公立幼稚園也會產生招生競爭的壓力。故事中的 A 園因為提早被迫面對招生危機，卻因禍得福，理解到提昇教育品質與對外

推廣宣傳的重要性，化危機為轉機。

　　由於學前教保產業屬於服務業，可以採用 7P 之行銷組合方式。A 園在產品服務上，原本採用傳統的方式，後來朝主題模式與角落模式去發展。其他方面：在價格上，為低價位；在地點上，附設於小學內；在推廣上，原本被動的等待家長報名，轉為主動寄發招生傳單；在人員上，原本只強調師資的合格專業性，轉為重視溝通應變知能；在實體設備上，並沒有特別的改變；在過程管理上，重視服務的態度。

　　由以上分析可知，A 園的行銷組合策略，受服務行銷系統、行銷目標定向的交互影響。在遭逢招生危機後，受限於價格、地點、實體設備等的變更困難，所以，A 園強化的行銷策略集中在產品服務、推廣、人員、過程管理等四方面，希望能成為附近公幼的標竿領導者，招收到鄰近學區內的幼兒。A 園在省思與努力後，達成了他們的預期目標，解除了未來可能性的減班調動或併校的危機。茲將 A 園的行銷策略架構，列舉如表 4-1 所示。

表 4-1　A 園的服務行銷成功經驗架構分析

服務行銷系統						
內部行銷		外部行銷		互動行銷		
重視人力輪調分工，但是缺乏激勵獎懲措施		長期處於等待家長爭先報名的慣性中，欠缺宣傳推廣的部分		缺乏私立園所「顧客至上」的服務精神		
行銷目標定向：STP						
區隔	居住區域的國民小學學區					
目標	A 園鄰近學區內的幼兒					
定位	成為附近幾所公立國小附設幼稚園的領先標竿者					
行銷策略組合：7P						
產品	價格	地點	推廣	人員	實體設備	過程管理
由傳統轉為方案模式	低價位	附設於公立小學內	由被動等待報名，轉為向外主動宣傳	由只重視專業合格，轉為加強溝通應變知能	一般公立幼稚園設施	重視服務態度

資料來源：林佳芬（2007）

2.B 所行銷策略成功經驗架構分析

(1) 服務行銷系統

服務行銷系統包括內部行銷、外部行銷、互動行銷等三部分，B 所由於所長本身對於人力資源管理的重視，不沿襲私立學前教保機構的積病，建立公開的薪資制度，並鼓勵專業進修。B 所在未聘僱行銷顧問之前，已經擁有健全的內部成員運作機制，尤其是園所的教育理念特色，及注重人力資源的培植部分。

至於外部行銷部分，B 所的學費價格中等，交通便利，園所的教育服務內容均能配合家長的需要，大致上已經具備了外部行銷的重點。但是，在對外的宣傳推廣上，則缺乏創新的方式來吸引更多的顧客。直到經過行銷顧問 X 的專業診斷與建議後，B 所與第四台電視業者進行策略合作，擴大了 B 所的班級數與知名度。

互動行銷部分，因為園所重視教育工作者與幼兒及其家長的實際接觸，主張以同理心、愛與榜樣的理念，作為主要互動基準模式。由此可知，B 所原本就有不錯的互動行銷架構。

(2) 行銷目標定向

行銷目標定向係指學前教保產業市場之 STP 等規劃，其中，B 所由於是私立托兒所，主要的市場區隔方式以教育服務特色。其目標市場，即為鄰近地區的幼兒。至於市場定位的部分，B 所在經過行銷顧問的指導後，期盼能成為當地大型且具知名度的學前教保機構。

(3) 行銷策略組合

學前教保產業由於屬於服務業，有 7P 之行銷組合方式。B 所在產品服務上，採用主題教學及楷模學習方式；在價格上，為中價位；在地點上，交通便利；在推廣上，採用新方式，與地方電視台進行策略合作；在人員上，依舊重視敬業負責，另聘請行銷顧問；在實體設備上，與一般私立學前教保機構無異；在過程管理上，加強與媒體的互動應變機制。

由上述分析可知，行銷組合策略會受到服務行銷系統架構、行銷目標定

向的交互影響。B 所原本就有不錯的內部行銷及互動行銷機制，然而在外部
行銷的部分，則是欠缺創新的推廣方式，讓更多的幼兒家長認識 B 所。所
以，B 所的行銷策略集中在產品服務、推廣、人員、過程管理等四方面，成
為當地的大型且具知名度的學前教保機構。B 所在努力過後，除了達成了他
們的預期目標，並擴增了安親班，使 B 所的營運規模更上一層。茲將 B 所的
行銷策略架構，列舉如表 4-2 所示。

表 4-2　B 所的服務行銷成功經驗架構分析

服務行銷系統		
內部行銷	外部行銷	互動行銷
重視人力資源	欠缺推廣的部分	標準化的服務模式——同理心、愛與榜樣
行銷目標定向：STP		

區隔	教育服務特色——楷模學習
目標	鄰近地區的幼兒
定位	成為當地大型且具知名度的學前教保機構

行銷策略組合：7P						
產品	價格	地點	推廣	人員	實體設備	過程管理
楷模學習的教育模式	中價位	交通便利	與地方電視台的策略合作	重視敬業負責，並聘請行銷顧問	一般私立學前教保機構設施	加強與媒體互動應變機制

資料來源：林佳芬（2007）

五、台北學前教保機構服務行銷之綜合分析

依據上述關於台北學前教保環境背景分析、學前教保服務之發展沿革、
學前教保機構服務行銷現況之問卷調查、學前教保機構服務行銷個案之經驗
敘說等，進行綜合性分析。

（一）台北市人類發展指數高，適合幼兒成長與教育，受限於少子化的人口趨勢，學前教保產業必須展開優質性競爭

　　台北市之人類發展指數為 0.925，此指數即為評估壽命、識字率、教育水平、兒童福利及生活品質等因素，屬於高指數地區。但是，台北市近十年的人口結構，呈現出幼年人口減少而老年人口相對增加，已經進入高齡化與少子化時期，所以在幼兒人數持續減少的情況下，學前教保產業應該開始朝向優質化發展，而非惡性競爭。

（二）當地人民收入公平性指標並未超過警戒線，貧富差距在合理範圍內，其十二個行政區仍具有區域性落差，學前教保產業經營必須因地制宜

　　台北市之基尼係數並未超過警戒線，表示該地區人民收入分配公平程度呈現合理範圍。但是，在 12 個行政區中，總生育率以萬華區、內湖區為最高，大安區為最低；大安區之平均收入所得最高，萬華區與大同區為最低；每戶可支配所得以大安區最高，萬華區最低；平均消費傾向以北投區最高，大同區最低。所以，學前教保產業的經營必須考量不同區域的社經能力與人口特質，進行因地制宜的權衡發展。

（三）台北都會區位人口匯聚，重視本土化與國際化；國小階段正式納入族群母語與英語課程，反對幼兒教育階段採用全英語教學

　　台北市的語言教育政策施行「一主軸二併軌」，即以華語為主，英語與母語為併軌。政府及民間均重視國際語言——英語課程，大多從幼稚園階段就開始學習，國小階段則正式納入族群母語與英語課程。但是一致反對幼稚園階段施行全英語教學，以保護民族意識及文化根源。

（四）具有學費低廉的公立學前教保機構，由公益或宗教團體所成立的非營利式學前教保機構數量不多；學費差距是區隔公立、私立與私立非營利學前教保機構的重要因素之一

　　台北市的學前教保機構依據性質分成公立、私立與私立非營利三種，其中以私立的學前教保機構為最多，公立園所次之，而私立非營利學前教保機構較少。私立非營利學前教保機構大部分是由學校機關附設為多，由公益、宗教等志願團體開辦的較少。由於本地已有學費低廉的公立學前教保機構，所以私立非營利學前教保機構並沒有大量擴增；通常在沒有公立學前教保機構的國家或地區，非營利學前教保機構會扮演扶助社會大眾的功能。

（五）台北學前教保機構服務行銷現況，整體之認知重要性高於實際運作，其認知重要性與實際運作均以互動行銷為最高；教保機構不同基本變項者，經過統計檢定後亦有其差異性

　　由問卷調查得知，當地教保機構對於服務行銷系統的認知重要性高於實際運作。分析其層面，當地機構對於互動行銷的重視與運作，均高於內部行銷與外部行銷。然而，不同基本變項的類別，也會有差異，其中，「私立學前教保機構」之行銷認知重要性高於「公立學前教保機構」；「幼稚園」之行銷實際運作高於「托兒所」；「有專責行銷單位與人員」的園所之行銷實際運作較高；園所歷史「6～10年」其行銷認知重要性較高於「11～20年」與「21年以上」；園所規模「101人以上」在行銷的認知重要性與實際運作較高；「台北──東區與南區」在行銷認知重要性優於「台北──北區」之學前教保機構。

（六）大多數的學前教保機構目標定向不明，缺乏專責的行銷單位或人員編制，市場區隔以「教育服務特色」為優先，大部分園所並未選定目標市場，而其市場定位多以「穩定居中者」為多數

　　依據研究調查資料顯示，目前當地學前教保機構只有14%有專責行銷單位或人員的編制，其餘86%並沒有這樣的編制。所以，大多數園所瞭解推動行銷策略的重要性，但是專業性的行銷策略之擬定、執行、鑑核等能力及程序仍欠缺，例如：多數的學前教保機構會以「教育服務特色」作為主要的市場區隔要素，卻沒有選擇搭配適宜的目標市場，容易形成空有良好的教育理念卻難以獲得共鳴的窘境。此外，當地的學前教保機構在市場上的定位以「穩定居中者」為多數，可以顯現出華人的中庸性格，在實際真正面臨危機時，難以彰顯其能夠高度競爭的韌性。

（七）在行銷策略組合中，產品服務以「主題式教學」及「角落式教學」為最多，價格以「中、低價位」占多數，地點以「交通便利」為主要考量，推廣以「辦理學生學習成果展覽或慶典表演」為最多，人員以具備「合格專業」與「敬業負責」為最多，實體設備多強調「教具教材」，過程管理以具備「服務考核獎懲」為最多

　　服務行銷之 7P 組合，經過問卷調查分析得知，當地目前的產品服務以「主題式教學」及「角落式教學」為最多，有兩成以上的園所會採用雙語、蒙式；方案教學方式，占一成；而採用多語言、福祿貝爾、華德福等教學方式則為少數；而受試者部分並沒有園所採用全美語方式。此外，在價格方面，以「中、低價位」者占76%；地點方面以「交通便利」為主要考量，鄰近小學與鄰近住宅等為次之；推廣方面，以「辦理學生學習成果展覽或慶典表演」及「慶典表演及舉辦園所的開放參觀日」為最多；人員方面，有九成

的園所認為其具備「合格專業」與「敬業負責」；實體設備方面，有八成的園所其目前所強調的為「教具教材」；過程管理方面，有七成的園所其目前所強調的是「服務考核獎懲」。

（八）將近八成五的學前教保機構有行銷推動困境，其原因最多為「園所尚未建置專門的行銷單位及人員」，其解決途徑大多數為以「園所內部的人力與資源進行改革」，解決重點大多數優先想要解決的是「實體設備」

依據研究調查得知，有 85%的學前教保機構有行銷推動困境，沒有推動困境的占 15%；其原因最多為「園所尚未建置專門的行銷單位及人員」，其餘依次為「園所事務繁忙無足夠時間推動行銷策略」、「園所未編列經費以推動行銷策略方案」、「園所教職員工未能感受到行銷的重要性」、「園所經營主管缺乏行銷實務之認知與經驗」等。其解決途徑大多數為以「園所內部的人力與資源進行改革」，占 76%；而解決重點大多數優先想要解決的為「實體設備」，其餘依序為「教育服務內容」、「推廣方式」、「教育服務人員」、「服務過程」、「價格」、「地點」。由此顯示，目前台北園所對於實體設備與教育服務是想要改善，居前兩名；而價格、地點策略較為認同，大多數的園所想要改善的意願較不強烈，居於後兩名。

（九）人力資源是內部、外部與互動行銷的關鍵要素，「利害關係人的積極投入」、「行銷團隊裡的異質人才」、「行銷顧問的專業諮詢」等為可行策略之一

由 A、B 兩個案園所的訪談敘說其成功經驗，得知在服務行銷系統的運作上，內部、外部與互動行銷的關鍵要素即為人力資源。一個健全的人力資源架構，可以促進內部行銷系統的專業提昇，以達成園所的願景目標，並能擬定適切的外部行銷策略，引起幼兒家長對於服務產品的「期待」，促成家長選擇其「動機」；而且，其關鍵性的人物能在關鍵時刻與外界互動行銷

時，能發揮關鍵性的服務功能。

貳、香港學前教保機構服務行銷實作

香港學前教保機構服務行銷實作，係依據作者 2007 年的相關研究，依序論述學前教保環境背景分析、學前教保服務之發展沿革、學前教保機構服務行銷現況之問卷調查、學前教保機構服務行銷個案之經驗敘說等。

一、香港學前教保環境背景分析

香港為華人都會城市之一，曾歷經英國長達約 150 年的殖民統治，與日本短期 3 年 8 個月的占領。1997 年主權回歸中華人民共和國後，現在為其之特別行政區政府（The Government of the Hong Kong Special Administrative Region）。香港人口以華人為主，約占 95%，華人以外的種族以菲律賓人數最多，其次為印尼、泰國、英國及日本。

香港的領土範圍包括了香港島、九龍半島及新界內陸地區等三部分，北接中國廣東省深圳市，南面是中國廣東省珠海市萬山群島。當地行政區分成 18 個地區，包括香港島的中西區、灣仔區、東區、南區；九龍的深水埗區、油尖旺區、九龍城區、黃大仙區、觀塘區；新界的北區、大埔區、沙田區、西貢區、元朗區、屯門區、荃灣區、葵青區、離島區。香港島為最早開發區，也是當地目前最重要的商業中心。九龍地區因為臨海的關係，香港政府積極的推動填海造地，預期發展為文娛藝術區與體育運動區。新界區則是新興的開發地區，其中沙田區的人口為全港最多。依據香港特別行政區政府（2007）的資料顯示，香港之土地面積為 1,104.04 平方公里，其人口總數為 6,935,900 人，平均每平方公里有 6,420 人。香港因為平地少、人口多，人口密度高，為全世界人口密度最高的地方之一。大部分香港人都住在高樓大廈，一般有 40 層樓以上，部分更達 70 層樓。而一個四人家庭普遍只能居住或擁有面積在 400 至 800 平方呎的空間。事實上，自 1970 年代起，香港政府開始在新界各區設立衛星城市計畫，以分散市區過於擠迫的人口，從而改善

居住環境；到了 2007 年已設立了共 9 個新市鎮，容納人口約 320 萬人。

香港自 1950 年代起推廣的家庭計畫，鼓吹每個家庭供養兩名孩子為上策，經過 50 年的推廣，現時香港的出生率在全世界 226 個國家及地區中是最低的。依據香港特別行政區政府（2007）的資料顯示，當地的出生率極低，每 1,000 人中只有 8.2 個新生嬰兒。另一方面，香港是全球最長壽的地區之一，男性的預期壽命為 78.5 歲，女性則為 84.3 歲。人口的老化、少子化與密集性是香港都會城市的重要問題。事實上，香港自第二次世界大戰後，湧入大量短時定居或長期居留的人潮，香港政府即以興建大量的公共房屋，以解決人口密集的問題。分析香港的都會社經背景，其人類發展指數為 0.927，顯示當地的生活、教育、福利等品質屬於高指數地區，名列全世界第 22 位。然而，其基尼係數為 0.526，即為判斷該地區人民收入分配公平程度的指標，已經超過 0.4 的「警戒線」，表示當地容易因為貧富差距而形成社會動盪。2001年以後，香港的基尼係數均上達 0.523 以上，已成為全球貧富差距最嚴重的地區之一。

香港的教育制度在 1997 年回歸中國後，強調祖國化、本土化與國際化，所以在語言教育上施行兩文三語（Bi-literacy and Tri-lingualism）的多語言政策：中英文書寫，粵語、英語和普通話口語。香港學生除了必須加學中國的普通話外，文字系統維持原本的正體版中文，並保留原有的粵語母語及殖民時期通用的英語。香港自幼稚園階段即開始實踐這樣的語文教育模式。香港的學前教育與托育制度，受中國、英國與日本的交互影響，採取幼托混合功能的體制，與台灣及新加坡的學前服務制度相似，形成幼稚園與托兒所的角色職責功能的模糊。直至 2005 年推動的「學前教育協調」政策，才將幼托職責與功能分立，由幼稚園專責負責 3～6 歲的教育工作，幼兒中心負責 3 歲以下的保育工作。

香港並沒有公立幼稚園，所有的幼稚園分成私立非牟利與私立獨立兩種類型；其中非牟利幼稚園的辦學機構大多為宗教團體、民間公益團體、婦幼協會等興辦。香港政府對於非牟利組織幼稚園會要求其盈餘必須合理分配與公開財務帳冊等，亦會給予其獎勵與補助，例如：補助園所的地租租金及教

職員工差餉等。目前，香港政府最新一項幼兒教育政策，即為2007年所推動的「幼兒教育學券」，補助家長在幼兒就讀幼稚園階段以學券補助學費，幼稚園再依據學券向政府兌換現金。但是，這項政策令當地的私立獨立幼稚園感到憂心，因為政府只應允給予他們三年申請學券的緩衝期，未來學券將只發給非牟利幼稚園。所以，當地的私立獨立幼稚園必須思考，是否要轉型成非牟利幼稚園，以取得未來繼續領取學券的資格；或是，繼續定位為私立獨立幼稚園，不加入學券的兌換系統，只服務M型社會階級中的高收入家庭幼兒。這也是目前香港學前教保機構推動服務行銷的重要背景。

二、香港學前教保服務之發展沿革

依據香港學者孔美琪（1999）所著之《香港學前教育之實況》一書、黃蕙吟與鄭美蓮（2003）所編著之《幼兒教育之旅》一書、中國學前教育研究會（2003）所編之《百年中國幼教》一書，以及香港教育統籌局（2007a，2007b）官方網頁等相關文獻，論述香港的幼兒教育沿革與現況趨勢如下。

（一）香港學前教保服務之沿革

1. 戰亂殖民期（1842～1949年）──幼兒教保受困隱沒

1842年鴉片戰爭後，香港被割讓給英國，成為英國在亞洲的重要商埠。當時香港居民仍沿用大清條例，採用教育師塾制，只有富家子弟才有機會拜師求學；孤兒的托育則由「育嬰堂」救助。由於已由英國殖民管轄，並未施行清末維新運動時針對幼兒教育所倡議之「蒙養院」制。

1937年，中日戰爭爆發，人民生活困頓，學童失學，幼兒多由父母照顧；民間則有慈善團體以社會救助方式照顧傷殘、弱能之兒童。1941～1945年，日本占領香港長達3年8個月，人民生活極度痛苦，全港沒有一所幼稚園。1945年日本戰敗，第二次世界大戰結束，英國重返香港，重建香港社會初期，仍沒有關注到幼兒教育建設。

2. 復甦成長期（1950～1969 年）——教保機構急速擴充

　　1950 年以後，香港經濟迅速發展，婦女就業率提高，在幼兒無人照顧的情況下，一些慈善機構或宗教團體所開辦的幼稚園應運而生，但是當時師資素質不一，班級學生眾多，多以保育工作為主。此外，當時礙於小學學校數量不足，形成學生入學名額的競爭，學童必須通過小一的學試測驗，方能取得入學資格，且英國政府對於此期之學前教保採不干預政策，因此學前教保機構——幼稚園，在此時期大幅增加卻缺乏有效的管理。

3. 管控改革期（1970 年迄今）——追求教保質素品質

　　1970 年以後，香港之幼兒教育進入管控改革期，開始修訂正式的法規政策，進行幼兒教保工作及品質的監督審查。茲將重要事件列舉如下。

(1) 學前教保法規的修訂

　　① 1973 年，香港社會服務聯會制訂「日托幼兒園標準」。
　　② 1975 年，頒布「幼兒中心條例」，為香港幼兒教育法規之先河。
　　③ 1981 年，發布「小學教育及學前服務白皮書」，規劃了幼稚園發展藍圖。
　　④ 1984 年，制訂「幼稚園課程指引」。
　　⑤ 1987 年，公布「幼兒班級活動指引」。
　　⑥ 1993 年，合併修訂「學前教育課程指引」，成為幼稚園與幼兒中心的指導文件。

(2) 香港學前教保政策的改革

　　① 1982 年，香港教育署聘用「國際顧問團」，幼兒教育制度的國際比較亦是其考察項目之一。
　　② 1997 年，回歸中國，特別行政區政府發表「優質學校教育」報告書，提倡幼兒教育的規劃發展。
　　③ 2000 年起，採行「學前教保機構——質素品質視學計畫」，進行實際督導。

④ 2000 年，香港政府成立「協調學前服務工作小組」。

⑤ 2003 年，香港推動「幼稚園之師資限制」，以 1：15 為師生比例最高限，且規定新入職教師之聘用必須為合格者。

⑥ 2005 年，正式施行「協調學前服務施行計畫」。

(3) 學前教保機構的設置

在 2005 年施行「協調學前服務施行計畫」後，香港由幼稚園及幼兒中心所提供的學前教保服務，即呈現形式教育與托育的職責功能區分，並以幼兒年齡 3 歲為劃分依據。據此，幼稚園階段為提供實質教育服務，而幼兒中心則提供照顧服務。此項政策的施行，將 2005 年之前的幼兒教保機構功能重疊的缺失進行改革。

①**幼稚園**：幼稚園須向教育統籌局註冊。香港的幼稚園全屬私營機構，分為非牟利幼稚園及私立獨立幼稚園兩類，由志願團體或私人開辦。幼稚園為 3～6 歲的兒童開設。現時大部分的幼稚園只開辦半日制課程，計有高班、低班及幼兒班，亦有部分幼稚園同時開辦全日制課程。

②**幼兒中心**：幼兒中心則向衛生福利局轄下的社會福利署註冊。幼兒中心屬於社會福利性質，有些由政府資助，也有由非營利機構或私人開辦。幼兒中心包括育嬰園及幼兒園兩類服務機構，前者為出生至 2 歲的幼兒服務；後者則為 2～3 歲的兒童提供服務。幼兒園的服務亦有全日制及半日制兩種，大部分幼兒園兒童是接受全日制的託管服務。

（二）香港學前教保服務之發展

依據香港教育統籌局於 2006 年 10 月發表的「施政報告——為學前教育提出前瞻性的發展方向」，據此分析香港學前教保服務之趨勢發展，論述如下。

1. 資助家長，減輕負擔

由 2007 年起，政府的新資助措施改以「學券」方式直接資助家長，學券的面值為港幣 13,000 元，並會逐年遞增至 2011 年的港幣 16,000 元。學券所包含的面值同時為家長提供學費資助及支援教師專業發展。在 2007 年，每名學童每年的學費資助額及教師專業發展資助額分別為港幣 10,000 元及港幣 3,000 元。

在學前教育學券計畫下，香港幼兒就讀非牟利幼稚園的幼兒班、低班或高班，學費不超過每年港幣 24,000 元，全日班則為港幣 48,000 元，都可享有學費資助。為顧及家長的顧慮，教育統籌局就學券計畫設立了三年的過渡安排，讓有子女於 2007 年就讀符合資格私立獨立幼稚園的家長，可以使用學券以獲得學費資助，直至 2009 年完結為止。私立獨立幼稚園須符合所有符合資格兌現學券的非牟利幼稚園所須遵守的既定條件，包括相關財務資訊的透明度，才符合資格兌現學券。至 2011 年，當政策全面實施時，估計將有逾 80% 的幼稚園參與計畫，而全港 90% 的 3～6 歲學童都可獲得學費資助。

2. 教師專業，不斷提昇

除了向家長提供直接的資助外，亦會繼續支持校長及教師提昇資歷，期望所有教師及校長都會分別達至教育證書及學位水平。由 2007 至 2010 年，學券的部分面值會用作支援校長及教師發展專業。到 2011 年，學券的全數面值則會用於學費資助。

3. 質素保證，協助選校

教育統籌局持續出版幼稚園概覽，介紹合格的學校機構，為家長提供各項所需的資料及課程概況，以協助家長選取最適合的幼稚園。此外，並安排幼稚園接受全面的質素保證視學，以提昇教學效能。

4. 增撥資源，加強設施

在 2006 至 2007 年，教育統籌局為所有幼稚園提供專門撥款協助學校改善設備，以購買教學用品、電腦、圖書或其他的學習配套為主，增加幼稚園

學童享受啟發性學習的機會。香港特別行政區政府規劃以七千萬港幣作此建設。

5. 建立基礎，展望未來

有關新措施預計在計畫推出五年後，於 2011 至 2012 年進行全面檢討，以決定持續發展的步驟及方向。

三、香港學前教保機構服務行銷現況之問卷調查

依據作者 2007 年的相關研究，以問卷調查方式探知香港學前教保機構服務行銷之現況，內容包括瞭解服務行銷系統、目標定向、策略組合等，及其服務行銷推動困境與解決途徑。

香港學前教保機構之服務行銷系統現況，其整體之認知重要性高於實際運作，認知重要性以內部及外部行銷為最高，實際運作以外部行銷為最高。此顯示當地機構重視服務行銷，並認為內部人員制度與外部推廣方式最重要，但是實際上卻只有落實在外部行銷活動上。然而，學前教保機構不同的基本變項，經過統計檢定後亦有其差異性。其中，「有負責單位及人員」的幼稚園，其行銷認知重要性與實際運作較高；「5 年以下」園所歷史者，行銷認知重要性與實際運作較其他為高；「101 人以上」幼兒總數規模者，其行銷認知重要性高於「50 人以下」；「新界區」之行銷認知重要性高於「香港島」與「九龍地區」。

在行銷目標定向部分，目前當地有 53%的幼稚園有選擇目標市場，有47%的受試者未選定目標市場或從未思考過目標市場的問題。多數的幼稚園會以「幼兒家庭的經濟能力」作為主要的市場區隔要素，其次是「區域特色」。而其市場定位則有 29%選擇「穩定居中者」，21%選擇「領先標竿者」，以上述兩項之定位為多數；其他依序為：19%為「跟隨學習者」，14%為「不知道者」，11%為「新近挑戰者」。

其行銷策略的 7P 組合部分，得知當地目前的產品服務以「多語言教學」為最多，「角落式教學」與「主題式教學」為次。此外，在價格方面，以

「中價位」為最多，占 55%；「低價位」占 34%；「高價位」占 11%。地點方面以「鄰近住宅區」為主要考量，「房價租金便宜」次之。推廣方面，以「慶典表演及舉辦園所的開放參觀日」為最多，占 80%。人員方面，有九成的機構認為其具備「合格專業」。實體設備方面，有八成的機構其目前所強調的為「教具教材」。過程管理方面，有將近九成的機構其目前所強調的是「服務考核獎懲」。

在服務行銷施行困境與解決途逕部分，有 78%的幼稚園有行銷推動困境，沒有推動困境的占 22%；其原因最多為「園所事務繁忙無足夠時間推動行銷策略」，其餘依次為「園所尚未建置專門的行銷單位及人員」、「園所未編列經費以推動行銷策略方案」、「園所教職員工未能感受到行銷的重要性」、「園所經營主管缺乏行銷實務之認知與經驗」等。其解決途徑大多數為以「園所內部的人力與資源進行改革」，占 69%；而解決重點大多數優先想要解決的為「教育服務內容」，其餘依序為「價格」、「實體設備」、「教育服務人員」、「服務過程」、「推廣方式」、「地點」。

四、香港學前教保機構服務行銷個案之經驗敘說

香港學前教保機構服務行銷以機構類型與成功經驗進行立意取樣，共選取個案兩例，包括一所非牟利C幼稚園與私立獨立D幼稚園。其訪談對象為學前教保機構的校長 Cp、Dp，及資深教師 Cs、Ds。在 C、D 兩園所的經驗故事敘說中，首先呈現的是整體故事歷程，說明個案園所的故事源頭，運用第三人稱的視框，進行內外環境的速寫來勾勒出整體故事的歷程脈絡；接續，再分析園所服務行銷之成功經驗主題故事。在當地，幼稚園歸於教育體系，領導者與正式學校機構相同，均稱為校長。

（一）C 園的經驗故事敘說

「一所行銷宗教愛的私立非牟利幼稚園」

1. C 園的整體故事歷程脈絡

故事的開始，一樣先從 C 園的體制與建置開始說起，由現任的校長 Cp 及一位資深教師 Cs 來替這所幼稚園敘說。

(1) 基督教非牟利幼稚園

在香港並沒有公立幼稚園，所有的幼稚園都是私立的，其中私立幼稚園又區分成私立非牟利幼稚園及私立獨立幼稚園兩種。C 園就是屬於私立非牟利幼稚園。

C 園創校超過 30 年，是一所基督教創辦的非牟利幼稚園，迄今總共有一所正校，三所分校。C 園原本為一所教會小學，在 1972 年時，教會有感於香港家庭結構的改變，雙薪父母的增加，因此聘請民間幼教專家籌備設立幼稚園，以開展幼兒的啟蒙教育。C 園創校以來，一直秉承基督教的教育理念，廣傳福音，讓更多的孩子享受到宗教的教育愛。

(2) 幼兒的學習方舟

C 園將學校比喻成挪亞，奉神的意旨，製造「方舟」，遊遍四處，並仿效挪亞夫婦和三對兒媳，引導幼兒乘坐這艘充滿愛的方舟。這艘方舟會持續的前進，不斷接載四海的幼童，讓他們可以在三年的幼稚園生活裡享用到方舟內給予的知識、愛與祝福。

(3) 一條龍的升學模式

C 園對於教育的奉獻並不只有在學前教育，教會希望能再延伸至其他教育階段，提供全面性的教育服務。隨著 C 園畢業生的擴增，教會在 1990 年代，接續開辦了二所小學及二所中學，以響應香港政府的「一條龍」之直升學模式，並增加學童接受基督教教育的機會。對教會而言，幼稚園是他們教育夢想的源頭，因為先有了這一顆種籽，才能有現在繁盛的枝芽。

(4) 充滿想像力的環境設計

C園由於長期在幼教界耕耘，並秉持非牟利幼稚園的辦學精神，他們將多餘的盈餘陸續回饋在孩子、老師、學校身上。1990年代，C園的正校與分校進行環境的整體規劃，身為教育學專家的校長Cp，決定向教會提出建議，她認為現在園所裡的所有項目都已經修補更新，孩子及老師們沒有什麼欠缺，唯一不足的就是想像力；Cp認為，C園現階段最需要的就是一個到處充滿想像力的學習環境。

Cp將這項重要的工程委託香港著名的建築設計師W，W的設計主軸是「不用兒童圖案的迷人抽象設計」，讓人走入園所就彷彿進行顏色繽紛的畫作中。C園的環境規劃，在1998年還榮獲美國設計師學會香港分會頒獎。此後，W與C園的名氣扶搖直上，只要是與幼稚園環境規劃有關的學術交流或民間參訪，C園都是當地的代表作。

(5) 靈性課程特色

Cp是創園元老之一，她表示C園的課程設計在香港與西方及華人地區的交流後，有了幾次重大的改革。新世紀以後的課程規劃，是宗教愛為「核心」，主題教學為「骨幹」，高廣度教學法為「經」，方案教學為「緯」，遊戲為「脈絡」。C園並發展屬於自己的校本課程，主要是根據香港學前教育整體課程目標、本地孩子的特質，以及教會的辦學理念。Cp希望藉由校本課程的推動，自製校本教材，創造一個會說話、井然有序、能刺激思維的學習環境；創設有組織、有系統、有標示的學習區，令孩童的心靈得以開發。

(6) 親師交流

Cs是園所裡的資深教師，她認為園所裡最受家長期待的就是「兒童學習進展紀錄觀察」，那是一項最佳的親師交流媒介。C園的老師們會根據「高廣度兒童觀察法」的指標，進行幼兒軼事記錄及分析，每學年分兩個階段將總結性的評估報告收錄於「兒童學習進展紀錄」內，給予幼兒及家長適當的回饋。這項紀錄除了作為追蹤幼兒學習進展的憑證外，也可以成為老師未來

活動設計的參考指引。

(7) 特殊才藝課程

　　C 園是全香港第一個設置圍棋課程的幼稚園。Cp 覺得圍棋藝術博大精深，滿載古代智者的哲思，小朋友在棋局中多動腦筋，思考箇中奧妙，自然會變得聰明伶俐。而且，學習圍棋是沒有年齡限制的，如能從小學習圍棋會比成年人更容易上手。在創設這項特別才藝課程時，C 園邀請香港圍棋協會的成員蒞臨指導，園所的小朋友並曾在 2004 年的上海市幼兒園小棋手圍棋邀請賽中獲得冠軍。自此，有許多家長指定帶領幼兒來報名 C 園，就是因慕名棋藝課而來。

(8) 方案教學研究小組

　　C 園在校長 Cp 的領導下，與香港著名的幼兒教育專家，成立了「方案教學研究小組」，對方案教學本土化的問題進行專題探索，並以「我的小手」為主題進行方案教學試驗研究，引導香港本地幼稚園對於方案教學本土化的認識，並將研究報告與其他有興趣的園所一起分享。有許多教育媒體專欄報導過這項研究，C 園的名氣不只有學生排隊報名的人氣，更增添了學術交流的才氣。

(9) 傑出學校獎勵計畫

　　C 園的努力並沒有被埋沒，在 2001 年榮獲教育署優質教育基金計畫所頒發的第一屆傑出學校獎勵計畫優異獎，這項殊榮激勵著全體的教職員工。接續，C 園又榮獲多次的政府視學督導獎勵，並成為許多機關團體學習參訪的對象。以宗教愛回饋社會的 C 園，一直以「慷慨以對，樂於分享」的理念，成為當地的標竿幼稚園。

(10)當年孩子的下一代

　　C 園的另一項成就，就是畢業校友的回饋與感恩。因為 C 園創校將近 35 年，擁有許多傑出的畢業校友，並已經生養出下一代。校友們會將他們的孩子繼續送到 C 園就讀，有些資深教師甚至教到當年教導過孩子所繁衍的下一

代。可見，C 園的努力經過長時間的考驗，依舊屹立長青。

2. C 園行銷策略之成功經驗主題

　　故事中的 Cp、Cs 等，她們都沒有正式學習過行銷學（在香港，稱為市場學），但是，她們卻都有充沛的行銷經驗，積極的行銷她們所熱愛的信仰。行銷策略對她們而言，是一種自然的情感交融與認同，不需要刻意的擬定，就能在付出與收穫的感動下完成使命。以下進行 C 園行銷策略之成功經驗主題的理解與詮釋。

主題 1：非牟利組織的教育使命

　　由於香港沒有公立幼稚園，政府對於非牟利幼稚園給予許多支助，鼓勵一些私立非牟利辦學團體投入教育，所以香港學前教保機構中非牟利幼稚園占多數；他們大多是由宗教團體、民間公益團體、婦幼協會等興辦，以回饋社會及宣揚教育理念為使命。就如同故事中的 C 園，肩負著傳播福音及培植當地幼苗的神聖使命，與一般私立幼稚園必須顧及營收利潤的目標是一樣的。以下就 Cp、Cs 的訪談內容，進行摘錄與相互印證：

> 「……在香港非牟利幼稚園自己有組成一個聯會，我們會定期開
> 會，向政府提出建議，……當然我們是公益性質的團體，並不是只
> 有站在我們本身非牟利幼稚園的立場，我們是站在全體幼兒福祉的
> 立場。……像最近政府要推動幼兒學券，我們也向政府建議應該要
> 支助私立獨立幼稚園，不能將他們排除，……不能因為就讀私立幼
> 稚園而有差別，這會影響到幼兒的權益……。」（Cpf/20070205/
> 0915）

> 「非牟利幼稚園的財務管理是公開透明的，教師的薪津比例通常也
> 比私立幼稚園高，所以從以前到現在，教師的合格率都高於私立幼
> 稚園。……一般幼教老師都比較喜歡到非牟利幼稚園工作，……感

覺很純淨，我們的工作目標就是為幼兒服務，教導他們、照顧他們
……」（Csf/20070205/1335）

主題 2：宗教愛的置入性推廣

　　置入性行銷在學校教育中，經常是被討論的倫理議題；在宗教信仰上，
一般學校並不能灌輸學生在信仰上的選擇，故事中的 C 園就是很好的案例。
C 園的教育理念是宗教上的方舟濟人，將宗教愛置入幼兒教育中，讓幼兒、
家長及其周圍的人感受到所有教職員工對神的感恩，但是他們尊重生命的自
由意願與選擇，所以學校裡並沒有任何宗教儀式或空間，有著只是虔誠無私
的宗教教育愛。以下就 Cp、Cs 的訪談內容，進行摘錄與相互印證：

> 「基本上，教會所辦理的學校，不管在哪裡，都是以傳播宗教信仰
> 為主軸。但是，我們都知道宗教不能藉由學校當媒介，想要強硬的
> 掌控學生的心靈，這樣的靈是不健康、不自由的……。我想現在的
> 教會學校都明白這一點，我們不會這樣做，政府也不會允許的
> ……。」（Cpf/20070205/1015）

> 「……我們在孩子入園時，會告訴不是基督徒的家長，學校絕對不
> 會主動要求孩子受洗成基督徒，也不會灌輸他們其他宗教的好壞，
> 因為我們要培養的是一個美好的靈。……太多成人主觀的想法，對
> 幼兒並不好。……我們的讀經時間，只是七大學習活動的一小部
> 分，……家長可以感受到我們傳播給孩童的是愛，不是壓力，也不
> 是選擇……。」（Csf/20070205/1420）

主題 3：標竿品牌的信譽

　　C 園的成長是以正校為基礎，創校的前 20 年，C 園並沒有其他分校，直
至 1980 年代後期，由於 C 園已經建立良好的聲譽，大量的幼兒家長期待 C

園能夠擴增分校，讓其他地方的家長能分享 C 園的幼教服務。於是在 1990年代，教會增加了三所幼稚園分校、二所小學及二所中學，這些學校一同延續了 C 園在幼教界的標竿地位，形成一種出類拔萃又獨樹一格的品牌信譽。以下就 Cp、Cs 的訪談內容，進行摘錄與相互印證：

> 「……我們的幼稚園總共有一所正校、三所分校，有 51 個班級，大約有 1,500 名的幼兒。……中小學方面，有兩所小學及兩所中學。我們這邊叫這個是『一條龍』，也就是說直通升學的意思……。在香港像我們這樣的連鎖品牌，其實還有很多，有些是從小學起家發源的，有些是從中學，像我們就是從幼稚園擴展出來。……家長就是信賴我們的幼稚園，我們才有機會再擴增小學及中學……。」
> （Cpf/20070205/1015）

> 「……在香港，如果前頭掛上連鎖名字的學校，通常是受到家長好評的。……因為最起頭的那家幼稚園若是經營失利，是沒有機會在別處掛上分號的。……我們也是辛苦了 20 多年後，才開始設分校。……在 1990 年以後，我們所有的學校都進行了主題式的整修規劃，吸引了許多年輕的家長，他們對我們每個分校的環境設計，大都覺得非常有創意，和一般非年利幼稚園不一樣。環境設計已經成為我們的特色，陸續也有許多幼稚園學習我們的環境設計理念，這是沒有關係的，因為我們本身就是視學績優學校，讓其他幼稚園參考學習也是我們的責任，我們並不擔心被大家觀摩學習。」（Csf/20070205/1420）

主題 4：滿足心靈的感動行銷

　　成功的行銷，往往是為其所呈現的人性光輝所感動，因感動而認同，因認同而肯定；這種行銷方式是在一種自然的情境中營造出來，很像是在收買

人心，被收買的人卻又心甘情願。故事中的 C 園就有如此的魅力，從校友們將他們的孩子送到園所，幼兒招生入學時的面試人潮、家長參與活動時的感謝奉獻，及政府當局的表揚肯定等情景上，C 園並沒有刻意施行商業化的行銷策略，他們應用的是一種滿足心靈的感動行銷。以下就 Cp、Cs 的訪談內容，進行摘錄與相互印證：

「……出生率下降，是香港所有幼稚園的擔憂。有些非牟利幼稚園雖然學費比我們低了些，還是招不到足夠的學生；也有些私立幼稚園學費比我們貴很多，一樣會擔心學生不夠……。我們以中價位的學費，提供比私立幼稚園更高質素的環境。……我們不做價格上的競爭比較，……只想讓坐在方舟上的幼兒，歡樂的度過這三年，學會知識、愛和祝福。……這些孩子長大後，也能繼續散播他們所享用過的愛……。」（Cpf/20070205/1145）

「……我們每年 10 月開始招生報名，家長必須先把資料郵寄到學校，11 月的時候，我們再通知面試……。由於班級人數與環境容量的關係，有些家長必須排隊等待候補備取通知……；……我們當初就是希望讓想進我們幼稚園的幼兒都能順利入園，才會開設分校……，沒想到這些分校還是不夠，想入園的幼兒家長總是比我們估計的多……。」（Csf/20070205/1530）

（二）D 園的經驗故事敘說

「一所為爭取學券而改變價格策略的私立獨立幼稚園」

1.D 園的整體故事歷程脈絡

故事的開始，一樣先從 D 園的體制與建置開始說起，由現任的校長 Dp 及一位資深教師 Ds 來替這所幼稚園敘說。

(1) 經濟起飛

1980 年代，香港經濟正是準備昂首飛揚的時刻，幾個剛從中學退休的老師 T、U、V 聚在一起，正在思考退休後的生涯規劃。這個時期，正是英國與中共公開談判的時刻；1984 年，香港主權確認將於 1997 年回歸中國，當地民眾對前途憂慮，港元兌美元跌至歷史低點，物價飛漲，市面出現搶購糧食的狀況。

T、U、V 三位退休老師，並沒有卸下重擔的喜悅，反而開始煩惱：「要移民呢？還是留下來？」這是他們下半輩子最重要的抉擇。就在他們相約午後飲茶的聚會上，T 提出了他的見解，他認為應該留下來。他的理由是，留給孩子們一個未來，如果大家都把錢捲走，留在這裡的孩子就沒有希望了。

就是在這個時局下的這場飲茶聚會，這個想法打動了這幾位年過半百的退休老師們，D 園的輪廓也開始有了雛形。

(2) 創園的夢想

T、U、V 三位退休老師及他們的親友們，一起籌備了資金，準備創設一所私立幼稚園，旁人看起來好像是共創生涯的第二春，但是，實際上他們所投注的是對於當地孩子的期待。20 年後，他們也慶幸自己的眼界是正確的，香港不但沒有被擊倒，反而成為受注目的亞洲四小龍之一；從不被看好中，創造了經濟奇蹟。

1984 年，正值香港樓價狂跌，他們買了層樓，創設 D 園不再只是夢想，因為有了實際的基地，一切就開始成真了。

(3) 傳統模式

剛成立初期，T、U、V 用他們在中學教學的教育思維來設計課程活動，那是一段從幼兒身上學習的時光，有些混亂；就如同教育家杜威（Dewey）所言「做中學」，邊做邊學。當時，幼稚園合格老師的比率不高，也沒有什麼觀摩交流的機會；D 園的教育觀傳承了華人「望子成龍」的理念，著重在孩童的讀、寫、算能力。幾年的時光下來，D 園的畢業生在小學派學的能力

審查上，都能獲得不錯的成績，也建立了不錯的口碑。

(4) 豐富的活動

1989 年，剛拿到幼教師資格的 Ds 進入了 D 園，Ds 的到來為園所注入了新血，改變了 D 園原有的幼兒教育觀，開始從孩子的角度思考孩子的需要。於是，傳統的讀、寫、算課程逐漸的減少，生動有趣的幼兒主題活動，開始為 D 園的孩子帶來歡笑。但是，家長關心的還是幼稚園畢業後的小學入學申請；顯然，家長們依舊對傳統的學習比較信任。

(5) 引進多元智能

1992 年，T 創辦人的女兒 Dp 從國外學成歸國，她帶回了多元智能的理念。Dp 在園所裡向大家宣導，她告訴大家多元智能理論是由美國哈佛大學教授加德納（Gardner）所提出，加德納從研究腦部受創傷的病人，發覺到他們在學習能力上的差異，進而建構出理論。

Dp 向家長說明，傳統教育只強調學生的數學、語文能力，但是，這並不是人類智能的全部。不同的人會有不同的智能組合，例如：建築師及雕塑家的空間感好，空間智能比較強；運動員和舞者的體力好，肢體運作智能較強等。這樣的突破性觀點，震動了家長們原有的思考框架。

(6) 家長的風靡

新任校長 Dp 上任，D 園建立了多元智能主題網課程，成為 D 園與其他園所不一樣的特色核心。家長不再迷戀傳統的教學模式，轉而對多元智能的課程設計，充滿了期待。慕名而來的家長愈來愈多，D 園因為這項課程規劃，也獲得政府的獎勵。為了提昇園所幼教師資的專業性，D 園也規劃出一系列的進修課程，讓園所教師也能隨著 D 園的成長而不斷進修，貫徹 D 園的教育理念。

(7) 兩文三語政策

1997 年香港主權移交中國後，香港特區政府開始實行「兩文三語」的語文教育政策：中、英文的書寫，粵語、英語和普通話的口語。D 園響應政府

的政策，將兩文三語融入語文智能課程中，在幼教界馬上掀起一片仿效風潮，加入課程學習的幼兒人數持續增加。

(8) 擴展分校

D 園的特色核心課程建立後，幼兒人數與認同理念的家長不斷的增多；自 1990 年代起，D 園總共增加了六個分校。由於，分校擴增的速度過快，D 園對於每個分校的地點選擇非常的謹慎；經過分析，他們的地點選擇都避開了「公共屋邨」的國民住宅區。因為公共屋邨的住宅樓下，政府均以低價租金供給非牟利幼稚園辦學，在那些區域私立幼稚園容易受限於學費價格較高，較難招收到足夠的幼兒。

(9) 爭取幼兒學券

於是，D 園與其分校持續穩健的經營著。直至 2005 年，香港實行完「協調學前服務」政策後，將幼稚園與幼兒中心的角色職責切割清楚；接續，政府欲推動第二波幼教改革，預計在 2007 年發行幼兒學券給非牟利幼稚園。這項消息公布後，對於所有私立幼稚園而言，有著重大的衝擊。就在消息公布到施行的這兩年期間，D 園與其他私立園所一樣，憂心忡忡，他們組成聯盟，一起向政府的主管單位教育統籌局抗爭。

終於，政府做出了決議，學券的發放還是以非牟利幼稚園為主，這些幼稚園必須提供本地課程，並且所收受的學費不能超出規定的金額，半日制全年每名學生不得超過港幣 24,000 元，全日制則不得超過港幣 48,000 元。並訂立為期三年的過渡期，直至 2010 年為止，讓符合規定及收費定價的私立獨立幼稚園，可以在學童就讀該校期間，兌現家長的學券。三年的過渡期間，政府承諾會協助有意願的私立幼稚園轉型成非牟利幼稚園。

(10)調整學費價格

D 園思考著未來的發展，是應該維持高價路線，招收高社經背景家庭的幼兒？還是降低學費，招收一般家庭的幼兒？校長 Dp 與資深教師 Ds 苦思著……，最後的決定交由幾位創辦人來決策。Dp 負責提供策略建議，她覺得

「一個好的教育環境，不應該只保留給富有家庭的孩子」，Dp的想法贏得了大家的共識。所以，從2007年開始，D園的學費價格降價了，也取得政府三年過渡期的幼兒學券支助；他們希望以減少股東紅利，來換取D園及所有分校的永續發展。

2. D 園行銷策略之成功經驗主題

　　故事中的D園，從一群創辦人對於香港孩童未來的期待開始萌芽；他們是中學退休教師，沒有幼兒教育背景，也沒有完整的行銷知能。他們不斷的嘗試「做中學」，最後才明瞭幼兒學習的需求與能力，開創了特色課程；後來，因為要擴增分校，才探究出園所區位選擇的關係技巧；最後，又受限於政府的政策，以調整學費來換取學券。這些過程，D園在時間及經驗的堆砌下，已經建構出一套行銷策略法則。以下進行D園行銷策略之成功經驗主題的理解與詮釋。

主題 1：建立核心特色課程

　　在行銷策略中，首要的就是產品部分的策略，而幼稚園所提供的教育服務屬於無形產品，如何讓這項無形產品具有吸引力，Kotler（2000）曾建議建立核心特色。故事中的校長Dp及資深教師Ds協助園所建立多元智能主題網的課程模式，也塑造出 D 園不同於一般園所的教育特色與風格。以下就Dp、Ds的訪談內容，進行摘錄與相互印證：

> 「……我們之前的教學比較傳統，主要是讓小朋友提早學會讀書算數的能力。……後來，我回到香港，準備開始接管D園，我覺得這種傳統方式會壓抑小朋友的其他能力，……所以我和支持我的理念的 Ds 老師，開始設計多元智能課程。……剛開始，有些家長還會懷疑我們是不是說說就算了，沒想到，我們是馬上就做，……為什麼有信心可以馬上做？因為多元智能的實驗國外早就有報告了，我之前在美國的印第安那州就參觀過這種類型的學校。……在亞洲，

日本、台灣也都在提倡多元智能。……，當我們把課程設計出來，所有的家長也就相信我們可以做到……。」（Dpf/20070206/1335）

「……我們的小朋友，在那個時候從傳統的課室上課，變換成各種不同的主題角落，他們都覺得好開心……。家長也對我們愈來愈有信心，介紹許多小朋友來這裡學習。……多元智能幾乎就變成了D幼稚園的特色招牌了。……後來，也有一些幼稚園開始模仿我們，但是我們不能阻止他們。……Dp 校長在主權回歸後，把『兩文三語』政策加進語文智能中，……這又成為我們最新的課程特色……。Dp 校長認為不用擔心被模仿……。」（Dsf/20070206/1210）

主題 2：提昇內部師資之專業成長

在教育服務行銷策略中，人員即是策略之一。然而，人員的良莠也關係到內部行銷的建構，如何提昇服務人員的專業以提昇品質，是服務行銷中的重要議題。故事中的 D 園，除了研擬出多元智能的核心特色課程，也規劃出一系列的內部教師進修課程，讓課程與教學能夠在實務上結合。以下就 Dp、Ds 的訪談內容，進行摘錄與相互印證：

「……我們除了設計出課程模式，也規劃了我們幼稚園教師的專業進修，讓老師能夠教得好、教得對，不是隨便應付……。本來創辦人他們擔心假使受訓完成的老師離職，到別的幼稚園去工作，會帶走我們的學生。……，他們認為應該要和受我們訓練的老師簽約……，我是反對的，我反對綁約的方式。……，我們要尊重老師，不是處處提防他們……，他們才會把小朋友教得好……。」（Dpf/20070206/1105）

「……在 D 園，我們所有的老師都需要配合園所的課程，不斷的受

訓、不斷的學習⋯⋯，我會告訴年輕的老師，這是一種任務，也是一種福利⋯⋯。小朋友是小海綿要吸水，我們是大海綿要吸更多水，才不會一下子就被小朋友吸光⋯⋯。」（Dsf/20070206/1415）

主題 3：居住區域的市場區隔

市場區隔是將消費者依不同的需求、特徵區分成若干個不同的群體，而形成各個不同的消費群。故事中的 D 園在設立分校時，即運用了市場區隔策略，他們將學生家長依據居住地區進行區隔分類。他們的分校設立地，排除了「公共屋邨」，選擇了私人住家區，就是為了確保分校能夠在適合的地點成長茁壯。以下就 Dp、Ds 的訪談內容，進行摘錄與相互印證：

「⋯⋯我們在設立分校的時候，都會經過策劃、市場調查⋯⋯。在確定這個地方是適合我們設立的地點後，我們才會設在這裡。⋯⋯地點的選擇非常重要，我們不會把學校設在『公共屋邨』旁邊，因為每個『公共屋邨』樓下都會設有非牟利幼稚園或幼兒園。我們在 2006 年以前，原本的價格是屬於中偏高的價位⋯⋯，如果在『公共屋邨』旁，比較難招到當地的學生，所以不適合。⋯⋯不過，後來整個局勢變了；我們也開始收到許多住在『公共屋邨』的學生，因為距離比較遠，就派我們的幼童專車來接送他們。」（Dpr/20070210/1025）

「⋯⋯我們的分校是在 1990 年以後才開始設立。因為我們是私立獨立的幼稚園，學費比非牟利幼稚園貴許多，所以我們會特別考慮地區的生活環境及周圍的幼稚園數量⋯⋯。我們知道私人住家區的家長比較會接受我們的理念和學費定價⋯⋯。」（Dsr/20070210/1435）

主題 4：降低學費爭取幼兒學券

　　行銷並不只是推銷，必須考量整體內外部的環境資源，其中教育政策就是一個非常重要的影響因素，而香港特殊的政治結構，著重效率與廉潔，利害關係團體的運作效力有限。故事中的 D 園，因為是私立獨立幼稚園，就讀的學生家長並沒有幼兒學券的支助；私立幼稚園聯盟雖然陳情抗爭，但是政府並沒有改變決議，只允諾給予私立業者三年的過渡緩衝期。D 園被迫不得不思考未來的方向；決定先降低學費價格，符合三年過渡條款的規定，讓學生家長可以領取學券。三年後，是否一定要轉型成非牟利幼稚園，還是維持高學費走向「M」型幼稚園的另一端，D 園目前並沒有絕對的定論。以下就 Dp、Ds 的訪談內容，進行摘錄與相互印證：

> 「……在香港，幼稚園的學費定價是公開的，教育統籌局有我們所有的價格資料，每個人都可以去查閱……。我們做過市場價格分析，發現我們的學費定價是中等偏高一些，並不是高等的；一般非牟利幼稚園是中等或中等偏低。……2006 年，為了能在 2007 年取得兌換學券的資格，我們將學費調整成中等價格，並公開財務報表，送交給教育統籌局審查……。我們為的就是希望改變價格策略，吸引更多中等收入家庭的學生……。」（Dpr/20070210/1135）

> 「……Dp 校長最擔心的是，我們分校裡的教師和工作人員，……如果沒有兌換學券資格，學生人數可能會減少，這會影響到他們的工作機會……。我贊成 Dp 的降價換學券策略……。」（Dsr/20070210/1325）

（三）服務行銷個案之成功經驗架構

　　服務行銷包含了系統架構、目標定向、策略組合等三部分。據此，彙整

上述 C、D 兩個案之經驗述說及其成功經驗主題，以分析服務行銷之成功經驗架構。

1. C 園行銷策略成功經驗架構分析

(1) 服務行銷系統

　　服務行銷系統包括內部行銷、外部行銷、互動行銷等三部分，C 園屬於私立非牟利性質，由宗教教會辦學的幼稚園，內部行銷制度的規範明確，以其宗教教育愛為核心，教育工作人員克盡其使命與任務；並且，由於財務公開透明，在盈餘的方配上充分的回饋在園所建設、員工及幼兒身上。所以，C 園的內部行銷著重在心靈與物質需求上的滿足，其教師工作的穩定性較高，甚至有資深教師曾教導過以前學生的下一代。

　　至於外部行銷的部分，C 園採取中等學費價位、優質環境設備等方式，招收一般家庭收入的幼兒。C 園另為連鎖品牌之幼稚園，並有政府視學績優獎勵證明，積極建立優質課程與環境的品牌形象向外部推廣。

　　互動行銷的部分，C 園重視教育工作者與幼兒及其家長的實際互動，以「高廣度兒童觀察法」進行親師交流的橋樑，並有良好的成效。

(2) 行銷目標定向

　　行銷目標定向係指學前教保產業市場之 STP 等規劃。其中，C 園係由宗教團體辦學，主要的市場區隔方式為教育服務特色，所採用的方式為靈性課程與方案教學。其目標市場，即為認同 C 園教育理念的幼兒家長。至於市場定位的部分，則為宣揚 C 園的宗教教育愛，以增加更多幼兒家長對於 C 園的認同。

(3) 行銷策略組合

　　分析 C 園的 7P 行銷組合：產品服務上，採用靈性課程與方案教學模式；在價格上，為中價位；在地點上，位於一般住宅區；在推廣上，採用品牌形象策略；在人員上，培訓具備宗教教育愛之工作者；在實體設備上，採用創造力主題環境設計；在過程管理上，重視服務精神與理念。

　　C 園的行銷組合策略，受服務行銷系統架構、行銷目標定向的交互影響。在擁有健全的內部、外部及互動行銷制度下，C 園並沒有刻意區隔幼兒的家庭背景，甚至是宗教信仰；其主要的目標為招收認同其教育理念的家庭，以方舟遊學的方式宣揚他們對於幼兒的教育愛。

　　因此，C 園的行銷策略集中在產品服務、價格、推廣、人員、實體設備等五方面，並以精神及其實際成效感動更多家庭，每到了招生季節，即形成名額有限，競相報名的熱潮。茲將 C 園的行銷策略架構，列舉如表 4-3 所示。

表 4-3　C 園的服務行銷成功經驗架構分析

服務行銷系統		
內部行銷	外部行銷	互動行銷
教育工作人員的宗教認同、愛與奉獻	中價位 具主題特色的環境設計	以「高廣度兒童觀察法」進行親師交流。
行銷目標定向：STP		
區隔	教育服務特色——靈性課程與方案教學	
目標	認同 C 園教育理念的幼兒家長	
定位	宣揚 C 園宗教教育愛的學前教保機構	
行銷策略組合：7P		

產品	價格	地點	推廣	人員	實體設備	過程管理
靈性課程與方案教學	中價位	一般住宅區	品牌連鎖、視學績優	具有宗教教育愛	具創造力的主題環境規劃	重視服務精神與理念

資料來源：林佳芬（2007）

2. D 園行銷策略成功經驗架構分析

(1) 服務行銷系統

　　服務行銷系統包括內部行銷、外部行銷、互動行銷等三部分，D 園由於是私立獨立幼稚園，園所原本的盈餘收入，有較大的彈性自主空間；但是，為了爭取私立獨立幼稚園兌換幼兒學券的前三年緩衝期，D 園選擇了公開財務資料，將盈餘回饋在園所及幼兒身上。以往，D 園即重視師資的專業進修培訓，加上近期的財務比例調整，著重在園所建設及人事培訓等方面，因此

D園目前有不錯的內部行銷制度。

至於，外部行銷部分，D園的學費價格原為中等偏高，之後調降學費為中等價格，以符合學券的規定，讓原本就讀的家長及有意願入園的家長，擁有申請幼兒學券的資格。現行的D園，以私立獨立幼稚園的設備資源，配合幼教政策的模式進行招生推廣。

互動行銷部分，因為園所倡導多元智能課程，著重在與幼兒的實際互動，觀察並啟發其優勢智能；此外，與幼兒家長的親師溝通互動也是D園的重要工作。

(2) 行銷目標定向

行銷目標定向係指學前教保產業市場之STP等規劃。其中，D園主要的市場區隔方式為教育服務特色及居住區域特色，其教育服務特色採取多元智能課程；居住區域特色則以私人住宅區為主。D園的目標市場，即為鄰近地區認同其辦學特色的幼兒家長。至於市場定位的部分，其規劃成為具有品牌特色的幼教加盟機構。

(3) 行銷策略組合

D園的7P行銷組合分析：在產品服務上，採用多元智能課程模式；在價格上，由中高價位調降成中價位；在地點上，位於私人住宅區；在推廣上，配合政府幼兒學券政策；在人員上，重視人員專業進修培訓；在實體設備上，與一般私立幼稚園無異；在過程管理上，重視專業教育服務。

由上述分析可知，行銷組合策略會受到服務行銷系統架構、行銷目標定向的交互影響。D園原本就有不錯的內部行銷及互動行銷機制，然而在外部行銷的部分，則是受限於學費，設置地點以鄰近私人住宅為主。直至爭取幼兒學券，而調整改變價格策略。據此，D園的行銷策略集中在產品服務、價格、地點、推廣、人員等五方面。D園在調整策略後，除了爭取到三年緩衝期的學券兌換資格，並穩定了家長權益受損的擔憂，且符合其他一般收入家庭的經濟負擔。茲將D園的行銷策略架構，列舉如表4-4所示。

表 4-4 D 園的服務行銷成功經驗架構分析

服務行銷系統						
內部行銷		外部行銷		互動行銷		
推動師資專業受訓		降低學費，爭取學券		強調親師交流		
行銷目標定向：STP						
區隔	教育服務特色——多元智能課程；居住區域特色——私人住宅區					
目標	鄰近地區認同其辦學特色的幼兒家長					
定位	成為具有品牌特色的幼教加盟機構					
行銷策略組合：7P						
產品	價格	地點	推廣	人員	實體設備	過程管理
多元智能課程模式	中價位	私人住宅區	配合政府幼兒學券政策	重視人員專業進修培訓	一般私立學前教保機構設施	重視專業教育服務

資料來源：林佳芬（2007）

五、香港學前教保機構服務行銷之綜合分析

依據上述關於香港學前教保環境背景分析、學前教保服務之發展沿革、學前教保機構服務行銷現況之問卷調查、學前教保機構服務行銷個案之經驗敘說等，進行綜合性分析。

（一）香港人類發展指數高，適合幼兒成長與教育，受限於少子化的人口趨勢，學前教保產業必須積極爭取政府與民間的經費與資源

香港之人類發展指數為 0.927，此指數即為評估壽命、識字率、教育水平、兒童福利及生活質素等因素，屬於高指數地區。當地近十年的人口結構，呈現出幼年人口減少而老年人口相對增加，已經進入高齡化與少子化時期。當地學前教育機構為公益團體與私人經營，在幼兒人數持續減少的情況下，爭取政府與民間相關資源以提昇品質是重要策略之一。且，當地政府於新世紀過後，已投入一系列的經費補助，規範學前教育機構必須能改善相關

財務、師資等措施，以取得受補助之條件。

（二）人民收入公平性指標超過警戒線，呈現貧富差距過大的「Ｍ型」結構，學前教保產業經營必須因應社經背景，以規劃其服務需求

香港本地生產總值為港幣 14,723 億元，人民平均GDP則有港幣 214,710 元，在全球金融貿易體系中排名第 11 位。其基尼係數為 0.526，即為判斷該地區人民收入分配公平程度的指標，當地已超過 0.4 的「警戒線」，顯示易於因為貧富差距而形成社會動盪，已形成「Ｍ型」化經濟收入的社會結構。當地學前教保機構因應學校屬性不同，其經營策略必須清楚定位，為「Ｍ型」結構提供適合的教育服務內容以因應之。

（三）當地人口匯聚，重視本土化、祖國化與國際化；目前學前教保階段即採用「兩文三語」的多語言教學模式

香港因為平地少、人口多，人口密度高，為全世界人口密度最高的地方之一，平均每平方公里有 6,420 人。華人占香港人口接近 95%，其他的種族以菲律賓人人數最多，其次為印尼、泰國、英國及日本。香港自從 1997 年回歸中國統治後，成為一特別行政區，除了必須加學中國的普通話外，文字系統依舊是正體版中文，並保留原有的母語——粵語以及殖民時期通用的英語，形成「兩文三語」的多語言教學模式。且由學前教育階段即開始實踐政府的語文教育政策，並作為其後正式教育階段的啟蒙基礎。

（四）沿襲中國早期幼托混合制度，直至 2005 年的「學前教育協調」，由幼稚園專責負責 3～6 歲的教育工作，幼兒中心則負責 3 歲以下的保育工作

香港雖然在清朝時陸續割讓給英國，但是中國的教育文化制度仍是相流通的，尤其是經歷太平洋戰爭時期的幼兒教保混合模式；幼稚園與托兒所的

角色職責功能的模糊，與台灣的部分是類似的。直至 2005 的「學前教育協調」，才將幼托職責與功能分立，由幼稚園專責負責 3～6 歲的教育工作，幼兒中心則負責 3 歲以下的保育工作。

（五）學前教保機構全部為私人單位興辦，分成私立非牟利與私立獨立兩種類型；2007 年發行幼兒教育券，給予私立獨立幼稚園三年申請學券的緩衝期，私立獨立幼稚園必須審慎進行未來的行銷定位

　　香港並沒有公立幼稚園，所有的幼稚園分成私立非牟利與私立獨立兩種類型；其中非牟利幼稚園的辦學機構大多為民間公益團體、西方宗教團體與東方宗教團體等。香港政府對於非牟利組織幼稚園會給予獎勵與補助，例如：發還地租及差餉，或分配位於「公共屋邨」內作為校舍等，這些是私立獨立幼稚園所沒有的。然而，最令私立獨立幼稚園憂心的是幼兒教育券，在 2007 年發行幼兒教育券後，特區政府應允給予私立獨立幼稚園三年申請學券的緩衝期，未來將只發給非牟利幼稚園。因此，私立獨立幼稚園必須審慎進行未來的行銷定位，應該轉形成非牟利幼稚園，還是持續走向「M 型」社會需求的另一端。

（六）學前教保產業之服務行銷系統架構現況，其整體之認知重要性高於實際運作，認知重要性以內部及外部行銷為最高，實際運作以外部行銷為最高；學前教保機構不同基本變項者，經過統計檢定後亦有其差異性

　　經由問卷調查得知，除了整體分析外，當地服務行銷系統的認知層面高於實際運作層面，認知重要性以內部及外部行銷為最高，實際運作以外部行銷為最高。不同基本變項的類別也會有差異，例如：「有負責單位及人員」的幼稚園，其行銷認知重要性與實際運作較其他為高；「5 年以下」園所歷史者，行銷認知重要性與實際運作較其他為高；「101 人以上」幼兒總數規

模者，其行銷認知重要性高於「50 人以下」；「新界區」之行銷認知重要性高於「香港島」與「九龍地區」。

（七）服務行銷目標定向，目前有超過一半以上的幼稚園有選擇目標市場，市場區隔以「幼兒家庭的經濟能力」為優先，而市場定位以「穩定居中者」及「領先標竿者」為多數

依據研究調查資料顯示，有 53%的幼稚園有選擇目標市場，有 47%的受試者為選定目標市場或從未思考過目標市場的問題。多數的幼稚園會以「幼兒家庭的經濟能力」作為主要的市場區隔要素，其次是區域特色。而其市場定位則有 29%選擇「穩定居中者」，21%選擇「領先標竿者」，以上述兩項之定位為多數，其他依序為：19%為「跟隨學習者」，14%為「不知道者」，11%為「新近挑戰者」。

（八）服務行銷策略組合中，產品服務以「多語言教學」為最多，價格以「中、低價位」占多數，地點以「鄰近住宅」為主要考量，推廣以「舉辦園所的開放參觀日」為最多，人員以具備「合格專業」與「敬業負責」為最多，實體設備多強調「教具教材」，過程管理以具備「服務考核獎懲」為最多

當地之服務行銷策略 7P 組合，經過問卷調查分析得知，當地目前的產品服務以「多語言教學」為最多，占八成；「角落式教學」與「主題式教學」為次之，占六成。此外，在價格方面，以「中價位」為最多，占 55%；「低價位」占 34%；「高價位」占 11%。地點方面以「鄰近住宅區」為主要考量，占六成；「房價租金便宜」次之，占五成。推廣方面，以「慶典表演及舉辦園所的開放參觀日」為最多，占八成。人員方面，有九成的園所認為其具備「合格專業」。實體設備方面，有八成的園所其目前所強調的是「教具教材」。過程管理方面，有將近九成的園所其目前所強調的是「服務考核

獎懲」。

（九）將近有七成八的學前教保機構有行銷推動困境，其原因最
　　　多為「園所事務繁忙無足夠時間推動行銷策略」；其解決
　　　途徑大多數是以「園所內部的人力與資源進行改革」，解
　　　決重點大多數優先想要解決的是「教育服務內容」

　　依據研究調查得知，有 78% 的學前教保機構有行銷推動困境，沒有推動
困境的占 22%；其原因最多為「園所事務繁忙無足夠時間推動行銷策略」，
其餘依次為「園所尚未建置專門的行銷單位及人員」、「園所未編列經費以
推動行銷策略方案」、「園所教職員工未能感受到行銷的重要性」、「園所
經營主管缺乏行銷實務之認知與經驗」等。其解決途徑大多數為以「園所內
部的人力與資源進行改革」，占 69%；而解決重點大多數優先想要解決的是
「教育服務內容」，其餘依序為「價格」、「實體設備」、「教育服務人
員」、「服務過程」、「推廣方式」、「地點」。由此顯示，目前香港幼稚
園對於教育服務內容與價格是想要改善，居前兩名；而推廣方式與地點目前
較為認同，居於後兩名。

（十）建立標竿品牌信譽是內部、外部與互動行銷的關鍵要素，
　　　「建立核心特色課程」、「滿足心靈的感動行銷」、「宗
　　　教愛的置入性推廣」、「提昇內部師資之專業成長」等，
　　　為可行的策略之一

　　由 C、D 兩個案園所的訪談敘說其成功經驗，得知在服務行銷系統的運
作上，內部、外部與互動行銷的關鍵要素即為建立標竿品牌信譽。讓組織的
內部成員能持續專業成長及分享發展願景，創造外部評價優良的品牌文化，
及其核心特色課程，以教育理念及教育愛為經緯的互動模式；這些都是行銷
策略在擬定、執行與鑑核時的經驗分享與可行策略。

參、新加坡學前教保機構服務行銷實作

　　新加坡學前教保機構服務行銷實作，依據作者 2007 年的相關研究，依序論述學前教保環境背景分析、學前教保服務之發展沿革、學前教保機構服務行銷現況之問卷調查、學前教保機構服務行銷個案之經驗敘說等。

一、新加坡學前教保環境背景分析

　　新加坡歷經英國長達 140 多年的殖民統治，以及日本短期 3 年半的占領。1959 年新加坡取得自治地位，並於 1963 年與馬來亞聯邦、砂勞越和北婆羅州（現沙巴）成立馬來西亞聯邦，脫離英國統治；1965 年新加坡宣布退出聯邦，成為獨立的主權國家。新加坡人口以華人為主，有將近八成比例；其他民族包括馬來人、印度裔，及少部分歐亞混血人口。當地華人多為中國廣東或福建沿海的移民後裔，又以福建移民占多數。

　　新加坡在 1965 年自馬來西亞聯邦獨立後，在華人政府的努力下成為東南亞重要的金融和轉口貿易中心，並成為「亞洲四小龍」之一。在邁向新世紀後，當地生產總值與人民平均收入均大幅的提高，但是薪資階層卻有巨幅的高低落差。目前，其基尼係數為 0.462，已經超過 0.4 的「警戒線」，顯示當地可能因為貧富差距而形成社會動盪情形。新加坡也是鄰近地區基尼係數最高的國家，也是東南亞貧富差距最嚴重的地區之一。此外，當地的人類發展指數為 0.916，屬於教育水平、生活質素之高指數地區。新加坡的社會高度發展，呈現少子化及人口老化現象；新加坡政府擔心社會勞動力與兵源不足，進而影響國家競爭力與國家安全，因此放寬了移民政策，大量吸引外來移民，希望補足人口可能出現的負成長。

　　新加坡的行政分區，最主要是依據社區發展理事會及主要交通幹線區隔；依其地理位置分成中區、東北、西北、東南和西南等五個區。中區因為接近市府行政區，是新加坡的商業金融中心，所有政府及民間重要的辦公建築大多設立於此，是整個城市的都會中心點；而往四周的東方、西方及北方

則為多數的民眾住宅。在生活居住方面，約有 84%的新加坡人居住在由政府
建造的組屋中，價格非常低廉。組屋之外最多人居住的是共管式公寓，屬於
私人的公寓住宅，價格一般是政府組屋的四、五倍之多。此外還有少部分生
活富裕的人口住在排屋——即聯體別墅，或獨棟別墅。

　　新加坡通用華語、英語、馬來語和泰米爾語等四種官方語言，但政府機
構及學校以英語為主，華文課程則採用簡體中文。當地是一個多元民族、文
化及宗教的移民社會，目前幼兒教育階段的語言政策為雙語，重視英語與民
族母語。1960 年代以前，新加坡的幼兒教育幾乎全仰賴民間資源，自從成為
主權獨立國家後，國家才開始積極投入建設。

　　新加坡的幼兒教育服務機構並無公立的部分，均為私營部門，由地方社
區、宗教機構、社會組織和企業組織等興辦。新加坡的學前教育服務系統分
成幼稚園和托兒所兩種，幼稚園是為 3～6 歲的孩子提供每星期五天的半天制
教育；而托兒所是為學齡前幼兒提供全天或半天的托育照顧，並包括部分時
間的教育課程。新加坡幼稚園的政府管轄單位為教育部（Ministry of Educa-
tion, MOE），而托兒所的管轄單位為社區發展青年體育部（Ministry of Com-
munity Development, Youth and Sports, MCYS）。新加坡政府及民間團體對於
各種族的福利措施有其積極性差別的補助方式與程度，其中與華人幼教最相
關的華社自助理事會，曾決議在 2007 年撥款新幣 30 萬元落實「學前援助計
畫」，幫助低收入家庭支付就讀非盈利幼稚園的部分學費。

二、新加坡學前教保服務之發展沿革

　　依據學者李恩涵（2003）所著之《東南亞華人史》一書、黃蕙吟與鄭美
蓮（2003）所編著之《幼兒教育之旅》一書等相關文獻，以及新加坡教育部
（Singapore Ministry of Education, 2007）、社區發展青年體育部（Singapore
Ministry of Community Development, Youth and Sports, 2007）、人民行動黨
（People's Action Party, 2007）、國家商業協會（National Trades Union Con-
gress, 2007）等官方網站資料，茲論述新加坡的幼兒教育沿革與發展趨勢如
下。

（一）新加坡學前教保服務之沿革

1. 建國之前期（1965 年以前）──民間自助式教保

新加坡是一個以華人為主體的國家，其早期住民為馬來人，在中國元、明、清等三朝時，陸續有華人移入。人數最盛期，為清朝時的三波華人移入：其一為太平天國滅，其成員逃亡南洋各國；其二為東南亞開墾錫礦時的移民潮；其三為英國殖民時期至中國南部沿海省分進行苦力買賣。新加坡在獨立以前，統治權紛亂，面對中西文化交會與衝擊。1824 年成為英國殖民地，1941 年在第二次世界大戰中被日本占領 3 年 8 個月，至 1945 年戰爭結束後重回英國管轄，1959 年獲得英國許可取得自治地位，1963 年加入馬來西亞聯邦，1965 年退出聯邦，成為主權獨立國家。

新加坡之學前教保服務發展，在獨立以前，受困於天然資源的缺乏，人民生活困苦，幼兒教育如同其他教育一樣並沒有受到重視。唯，華人家族為延續民族文化，以私塾方式進行孩童的華文教育，有以粵語或閩語等趨勢，也有少數邀聘清朝師傅講課。待新加坡成為東南亞貿易轉口港灣，西方傳教士東來，並以宣揚教義的方式開辦慈幼機構。在新加坡正式獨立以前，幼兒教保幾乎全仰賴民間資源與自助，統治者並未投入太多的關注與約束。

2. 建國之後期（1965 年以後）──政府積極投入

新加坡自 1965 年成為主權獨立國家，政治主導權即由華人李光耀所領導的「人民行動黨」（PAP）所治理。新加坡政府有感於天然資源缺乏的困境，建國初期即以「培養優秀人力資源」為主要政策，因此工、商業外，政府對於教育的投資不遺餘力；其中，對於幼兒教保服務，從政府至民間均呈現穩健積極的開辦與規劃。

首先，由執政黨「人民行動黨」（PAP）設立「社區基礎建設」（PAP Community Foundation, PCF），並附設幼兒服務機構──PCF 系列幼稚園。至 1970 年代，國家商業協會（NTUC）為了鼓勵婦女就業，創辦了 NTUC 系列之托兒所。新加坡政府長期給予 PCF 及 NTUC 等機構津貼補助，使得新加

坡的幼兒教育在建國初期能維持低廉的學費與良好的品質，並奠定了後期中小學教育的基礎。1990年代以後，幼兒教保服務事業已經極為興盛，私人、宗教、企業等開辦的幼稚園與托兒所大量興起。政府對於政黨色彩濃厚的PCF及NTUC機構不再給予特權，並輔導其轉型為師資專業進修機構，進而鼓勵全體的學前教育機構在政府的監督下朝向市場需求發展。

（二）新加坡學前教保服務之發展

依據新加坡教育部2007年所公布的兩大幼兒教育施政：其一為「補足機會——提昇學前教育品質與增進學前教育的參與」（Levelling Up Opportunities: Improving the Quality of Pre-School Education and Increasing Participation in Pre-Schools）；其二為「補足機會——提昇孩童特殊教育需求之教育品質」（Levelling Up Opportunities: Raising the Quality of Education for Children），以及其「學前教育系統」（Pre-School Education System）說明等官方網站資料，據此分析新加坡教育之現況趨勢，論述如下。

1. 幼托服務分立並存，提供不同需求之選擇

在幼兒教育服務提供上，政府基於人力資源的早期養成，與不同家庭結構對於幼兒教保需求的差異，以幼托服務分立並存，提供不同需求之選擇，並積極投入幼兒教保建設。幼托機構包括了幼稚園及托兒所兩種：幼稚園只提供半天（3～4小時）的教育服務，以正式的教育課程為主，歸屬於教育部（MOE）管轄；而托兒所則提供全日式的教育服務，並兼顧照護、教育等雙重功能，隸屬於社區發展青年體育部（MCYS）。家長可以依據本身的工作時間、三代同堂的共處時間，或考量不同教養時間及模式對於家庭的適切性，而選擇幼稚園或托兒所。

2. 尊重種族差異，提倡早期多元文化教育

新加坡的人口種族多元，華人占76%，馬來人占14%，印度人占8%，及少部分的歐亞混血人口。國家在1965年獨立後，以英語為官方語言，主要

母語教育包括華語、馬來語、泰米爾語。新加坡政府為維繫族群之和諧，主張多元文化教育應該及早開始，遂於幼兒教育階段即進行母語、官方語言等之教導，並以多元融合精神，倡導幼兒對於不同族群民俗節慶的共享與尊重。

3. 補償弱勢幼兒，促進教育機會均等

2007 年起，新加坡政府對於 1990 年代的孩童能力分流進行檢討，將關注焦點轉移至社會弱勢幼兒的特殊處境；這些幼兒大多處於語言文化、經濟條件、身心殘缺等社會不利狀態，亟需政府的關懷與補救。新加坡政府以經費進行推動，例如：對於不同情況的學前教育弱勢幼兒發給救濟經費；另開放學前教保機構對於特殊教育幼兒之教育設備需求給予補助。

三、新加坡學前教保機構服務行銷現況之問卷調查

依據作者 2007 年之相關研究，以問卷調查方式探知新加坡學前教保機構服務行銷之現況，瞭解服務行銷系統、目標定向、策略組合等，及其服務行銷推動困境與解決途徑。

研究結果顯示，當地教保機構在服務行銷的實際運作低於其知覺重要性。進而，比較內部行銷、外部行銷與互動行銷的差異，顯示出雖然他們覺得內部行銷很重要，但是實際上卻多施行外部行銷。此外，分析學前教育機構的不同基本變項，經過統計檢定證實有其差異性。其中，有專責行銷單位及人員編制的機構，他們在行銷策略認知重要性與實際運作均較高。在行銷策略定向上，則發現有 55% 左右的機構會選定目標市場，而有 45% 的機構則沒有選擇目標市場。在市場區隔上，大多數機構會以「幼兒之種族或母語」作為市場區隔；在市場定位上，則多數認為自己的機構為「穩定居中者」。在行銷策略組合上，產品服務以「雙語教學」為最多；價格以「中、低價位」為最多；地點以「交通便利」為最多；推廣以「舉辦園所開放參觀日」為最多；人員以具備「合格專業」為最多；實體設備多強調「教具教材」；過程管理以具備「服務態度」為最多。

在服務行銷施行困境上，有 53% 的幼托園所表示其推動行銷策略「有困境」，最多的因素為「園所事務繁忙無足夠時間推動」與「園所尚未建置專門的行銷單位及人員」。在行銷策略解決途徑上，大多數的機構會選擇以「園所內部的人力與資源進行改革」，占 62%，而選擇「聘請專業行銷顧問公司給予指導或協助」占 32%。而其解決重點，大多數機構最想要優先解決的為「教育服務內容」與「實體設備」兩部分。

四、新加坡學前教保機構服務行銷個案之經驗敘說

新加坡學前教保機構服務行銷以機構類型與成功經驗進行立意取樣，共選取個案兩例，包括一所私立 E 幼稚園與私立 F 托兒所。其訪談對象為學前教保機構的校長 Ep、Fp，及資深教師 Es、Fs。在 E、F 兩園所的經驗故事敘說中，首先呈現的是整體故事歷程，說明個案園所的故事源頭，運用第三人稱的視框，進行內外環境的速寫來勾勒出整體故事的歷程脈絡；接續，再分析園所服務行銷之成功經驗主題故事。

（一）E 園的經驗故事敘說

「一所做好社區關係行銷的私立幼稚園」

1. E 園的整體故事歷程脈絡

故事的開始，一樣先從 E 園的體制與建置開始說起。由現任的校長 Ep 及一位資深教師 Es 來替這所幼稚園敘說。

(1) 創辦人的背景

E 園的創辦人 Ep，是新加坡當地的華人，大學時代到美國修讀企業管理。返回新加坡後，一直在外商公司工作，是一個忙碌、充實且高薪資的上班族。1994 年，Ep 因為甲狀腺機能亢進的關係，離開工作多年的外商公司，決定在家靜養一段時間，準備日後再復出工作。靜養的時光，她有了許多感觸，有些遺憾是沒有在年輕身體健康的那段時間生養小孩，等到想要生育時，卻困難重重。

(2) 喜歡孩子

Ep很喜歡孩子，又無法自己生養，她和家人分享這個大家已經眾所皆知的煩惱。丈夫建議她，不如開設一所幼稚園，可以正大光明和一大群孩子相處，還會有額外的收入。Ep接受了這個建議，她以自己的部分積蓄及向銀行借貸的款項，獨資創設了 E 園。

(3) 蒙特梭利幼稚園

1995 年，Ep 參加當地的幼教師資培訓，結識了幾位從事蒙特梭利幼兒教育的工作者，Es 就是其中的一位。Ep 經由這些朋友的幫助下，設立了 E 園，Es也成為E園重要的課程領導教師。E園重視專業分工，行政工作由Ep領導，課程與教學工作則由 Es 規劃。

當時，新加坡當地缺乏蒙式教具的經銷商，採購教具便成為 Ep 踏入蒙式園地的豐收之旅。第一站，她到了歐洲義大利，那是蒙式幼教的發源地，採購了部分的教學物品；由於外幣匯差的關係，具商業背景的她，雖然非常喜歡當地的製作與材質，但是受限於經費，她直覺應該要再尋找更經濟且便利的採購方式。第二站，Ep到了台灣，她發現這裡的蒙式教具及課室規劃，非常的適合移植到新加坡當地，經銷商也有意往東南亞發展，未來一定可以提昇售後服務。

由於取得台灣方面的合作機會，E 園以物美價廉的策略，購入了她所想要的蒙式教學設備及資源，她覺得十分的豐盛且滿意。

(4) 第一個園址

好的開始是成功的一半，E園有了專業的課程師資Es的指導，有了豐富的教學設備，也招收到足夠的學生，E園前二年的經營，一切都很平順。

但是，到了 1997 年春夏季，新加坡當地學前教保機構開始傳出腸病毒的重症案例。這個消息令當地的家長們感到憂心，本來幼兒腸病毒最怕紫外線，以前都只有橫行在東北亞等氣候多變的地區，現在連四季無冬的新加坡都被攻陷了。

　　雖然，當年 E 園並沒有小朋友感染腸病毒，但是陸續發燒的情況頻頻發生，家長們開始對於 E 園的環境設施提出建議。有些家長認為 E 園設在大廈一樓，空氣的流動不佳；也有些家長指出，幼兒工作地毯及幼兒共用教具，應該定期曝曬在陽光下，不要只有清洗。Ep 對於家長們的善意建議，非常的認同。她回顧自己的園所，雖然布置的像一個家庭，但是置身在大樓裡，的確缺少了足夠的陽光及空氣。

(5) 另尋他處

　　經過一番思考，Ep 希望能符合家長的期待，建立一個真正家庭式的課室環境，因此決定提早和房東解約，另覓他處。許多支持她的家長，都加入協助 E 園尋找新家的任務。

(6) 第二個園址

　　終於，E 園尋覓到合適的新家了，就在距離 E 園原址不遠的地方，有一座私人住宅的社區，這個社區的屋舍是一棟棟獨立的別墅，每個屋舍的前院及後院都環繞著陽光、空氣及綠意；一對年老的夫婦正準備移民到國外，Ep 幸運的承租下他們的房子。

(7) 最理想的地點

　　E 園從第一個園址搬入這裡，這是 Ep 和 Es 心中最理想的地點了。除了屋舍環境可以滿足家長對於蒙式環境的期待外，社區旁邊的自然公園，更是課外活動的好場地；而且這個社區非常寧靜，鮮少有車子在白天經過，連草叢裡的蟲鳴都聽得見。這裡對於 E 園而言，是再適合不過了。

(8) 社區抗議

　　很快地，E 園便發現自己的疏忽，他們只站在自己的角度思考，沉醉於這裡很適合他們，忘了考慮他們適合這裡嗎？就在 E 園遷入後，社區住戶向 Ep 抗議，他們表示這裡並不歡迎 E 園冒然的加入。Ep 瞭解到這個私人高級別墅社區，住戶大多是當地名人或專業人員，大家不希望原本的寧靜及隱私被破壞。對於社區不友善的回應，Ep 並不生氣，她覺得由於 E 園沒有先做好

事前的溝通，才會造成社區住戶的抗拒。Ep 心想一定要設法彌補，讓這裡的
住戶接納他們，園所的幼兒才能享受這美好的環境。

(9) 敦親睦鄰

Ep 希望 E 園能先釋出善意，做好敦親睦鄰的工作。於是，Ep 與社區的
管理委員會協議並溝通，對於噪音、車輛進出等問題，提供改善承諾。Ep 表
達將在園所內加裝隔音設備，並以幼兒交通車的接送來減少家長的車輛進
出。另外，E 園歡迎社區住戶參觀，並在假日開放課室，提供社區舉辦小型
聯誼茶會。逐漸地，E 園與社區的關係愈趨友好，社區裡的幼兒也陸續成為
E 園的學生。E 園已經正式成為社區的一份子。

(10)口碑推薦

就在逐漸做好社區公關行銷之際，E 園的經營狀況也愈來愈好。附近的
民眾提到這個社區，就會想到裡面有一間辦學良好的蒙式幼稚園，園所的老
師和小朋友都很有禮貌，那裡充滿了陽光、空氣及綠意。現在，E 園的招生
已經不需要到處發傳單了，因為他們擁有了免費的口碑推薦，這個效果比送
贈品來宣傳更有用。

2.E 園行銷策略之成功經驗主題

故事中的 E 園，創辦人 Ep 有著商業背景，她自己負責園務的經營，將
課程領導的部分交給專業的 Es，做了良好的專才分工。於是，她專心關注家
長及環境的變化，總是能夠在關鍵時刻做出明確的決策，尤其是顧客滿意度
及社區公關行銷方面。以下進行 E 園行銷策略之成功經驗主題的理解與詮釋。

主題１：滿足顧客的潛在需求

如果幼稚園本身沒有去瞭解家長真正的需求與期望，則不太可能做到讓
他們滿意。故事中的家長擔心自己的孩子感染腸病毒，提供 E 園一些環境改
善上的建議，經營者 Ep 不但沒有替自己的園所找藉口辯駁，反而珍惜這些
意見，真心的想辦法改善，也感動了家長，一起幫助 E 園尋找新家。如果當

初 E 園仍然固執的決議留在原來的場地，這些提出建議的家長或許都會一一
離去，因為 E 園沒有滿足他們的需求與期待。以下就 Ep、Es 的訪談內容，
進行摘錄與相互印證：

> 「當初聽到這些家長對於我們第一個環境的擔憂，真的給我當頭一
> 棒，……我是真心想要去改善，所以才會在房租還沒到期時，就提
> 早搬遷。」（Epf/20070212/0935）

> 「剛設立幼稚園的時候，我們努力的想要把環境布置的像一個住
> 家，但是那是不自然的……。一直到找到了現在這裡，我們才發現
> 家長想要的環境，也是我們期望的……，家長的建議對我們真的很
> 重要。」（Esf/20070212/1340）

主題 2：專業的實體設備

蒙式幼稚園的實體設備，就是要布置成一個符合蒙式精神的學習課室。
故事中的 E 園以為添購一系列的蒙式教材教具，布置成像「家」一樣的環境
就完成了；其實，E 園一開始只做對了一部分。在後續更換環境後，他們才
真正的建置了專業的實體設備，成為重要的行銷策略之一。以下就 Ep、Es 的
訪談內容，進行摘錄與相互印證：

> 「……我們搬來這裡以後，大部分的家長在參觀了我們的環境設備
> 後，都會很心動；因為這個環境可以讓家長明瞭，為什麼要讓幼兒
> 混齡相處……，如何讓幼兒『走線』……，幼兒如何操作教具
> ……。這些環境設備，對我們的招生很有幫助……。」（Epf/
> 20070212/1045）

> 「我們前院的草坪，就是我們最好的生態教室，小朋友可以在這裡

種植物、養小動物……，後院是陽光曝曬區，像是工作地毯、玩
具、教具、擦拭布、濕衣服……都可以在後院讓陽光殺菌……。家
長非常喜歡我們這樣的環境規劃……。這裡的環境就是吸引家長選
擇我們的地方。」（Esf/20070212/1425）

主題 3：慎選園址區位

　　E 園是一所家庭式的蒙式幼稚園，管轄單位是新加坡教育部，必須遵守
幼稚園半天班的規定，並依據環境比例評估，E 園的幼兒總人數最多為 60
人。由於無法超收幼兒，加上為了維持一定的品質，Ep認為園址不適合位於
人潮熱鬧的地區。所以，E 園在第二次選地點時，經過謹慎的考量，選擇了
現在這個地方。以下就 Ep、Es 的訪談內容，進行摘錄與相互印證：

> 「因為我之前都是從事商業工作，所以，第一次設立幼稚園的時
> 候，我用設立商店的想法來思考……，就設立在人潮熱鬧的地方。
> ……後來，愈來愈懂得蒙式教育理念後，再來選擇幼稚園的地點，
> 我的思考方式就跟以前不一樣了……，選對環境地點真的很重要
> ……。我們現在的環境非常符合蒙式精神，到處都能照的到陽光，
> 空氣的流通也很順暢，庭院還可以種一些植物，養一些小動物。
> ……不過，這個環境雖然適合我們，但是我們一搬進來的時候，住
> 戶並不歡迎我們。……選擇環境的時候，也不能全只想到自己的部
> 分，也要考慮原來住在這個環境裡的人，他們的想法。」
> （Epr/20070215/1045）

> 「雖然，一開始搬來這裡的時候，這裡的住戶不歡迎我們……，但
> 是 Ep 校長覺得這裡是最適合我們的地方，一定要想盡辦法改善
> ……。她認為我們不可以被動的等住戶接納我們，應該要主動的讓
> 住戶瞭解我們。……Ep最先改變的就是阻隔聲音的部分，因為這裡

的住戶很受不了吵鬧。後來，我們有試著在社區舉辦活動，也在假
日開放教室，我們的教室就成為社區的假日活動場地……。Ep 曾經
說，當住戶願意走進我們的學校，我們就成功了。……就真的像她
說的一樣，住戶不但接受了我們，還將自己的孩子送來我們這裡
……」（Esr/20070215/1425）

主題 4：友善的社區關係行銷

　　關係行銷是以建立友誼互助為基礎，追求長遠的夥伴關係，營造雙方的
共識與雙贏。故事中的 E 園，由於經營者正確的決策能力與良好的社交技
巧，在 E 園搬入高級住宅別墅區時，從一開始的排斥到後來的接納，甚至將
幼兒送至 E 園，Ep 做到了友善的社區關係行銷。以下就 Ep、Es 的訪談內
容，進行摘錄與相互印證：

「……我大學的時候在美國念企業管理，畢業後回到新加坡，就在
外商公司工作。這種人跟人的相處，公司跟公司的相處……，我並
不擔心，我的理念是做好關係，建立友誼……。原來不能談的事，
變成朋友以後，什麼都會變得比較好談……。我就是用這樣的想法
在開辦我的幼稚園，公共關係是很重要的。就像現在妳來訪問我，
下次我去台北的時候，妳也會給我些幫助……。」（Epr/20070215/
1105）

「Ep 的公眾能力很強……，她幾乎到處都可以交到朋友。我當初認
識她時，就是被她感動，因為她沒有小孩，卻又愛小孩……。這裡
的住戶也知道她設立幼稚園的原因，大家都很佩服她……。」
（Esr/20070215/1535）

（二）F 所的經驗故事敘說

「一所擁有品牌行銷團隊的私立托兒所」

1. F 所的整體故事歷程脈絡

故事的開始，一樣先從 F 所的體制與建置開始說起，由現任的校長 Fp 及一位資深教師 Fs 來替這所托兒所敘說。

(1) 當地的幼教環境

在新加坡當地，提供幼兒教育的機構除了托兒所之外，還有幼稚園。兩者最大的差別是，幼稚園招收年齡 3～6 歲幼兒，提供半天的學習課程，管轄單位為教育部（MOE）；托兒所招收 18 個月大到學齡前幼兒，提供半天或全天的教育與保健服務，管轄單位為社區發展青年體育部（MCYS）。

當地的幼稚園及托兒所，除了英語以外，還會教導母語；通常華人開設的園所以華語為母語，馬來人開設的園所以馬來語為母語，印度人開設的園所以泰米爾語為母語。華人興辦的幼稚園為新加坡當地的主流，將近八成；加上華人從事幼兒教育工作及辦學的人數較多，有一部分的馬來籍與印度籍幼兒會選擇進入華人開辦的學前教保機構。

(2) 志同道合

2000 年，當大家都在期待新世紀的到來之際，Fp 與 O、P、Q、R、S 等幾位來自不同行業領域的工作者，在朋友們的引薦下，聚集在一起。他們有著相同的願景，朝著彼此關注的議題討論著。因為志同道合的關係，他們在一年的籌備時期過後，立即著手去實踐他們共同的目標——設立一家自創品牌的托兒所。

(3) 全心投入

在籌設期間，O、P、Q、R、S 及 Fp 等人都還有自己的工作，大都利用下班後的時間，為他們的夢想投入心力，初步完成了營運規劃與幼兒課程模式。到了正式運作的前夕，為了確立他們的決心與信心，他們之中有幾個人

154

已經辭掉原有的工作，全心投入在 F 托兒所的立案、招生宣傳上。

(4) 專業團隊

F 所的這幾位創辦人，組成的專業團隊，到底有何背景呢？當初幫他們辦理立案的新加坡社會發展部的承辦專員，也曾經好奇問過。原來 F 所的主要領導人都是當地的專業人士，O 曾經是市政府官方的中級行政主管，P 是廣告公司的行銷經理，Q 是資深的幼兒教育學者專家，R 是財務金融公司的會計主管，S 是退休的教育部行政人員，Fp 則為資深的幼教教師暨校長。這些創辦人中以 O 最為年輕，對於 F 園的規劃與投入最為積極，所以 O 被推崇為行政主席。

(5) 品牌塑造

由於新加坡當地早期的學前教保機構具有半官方的色彩，例如：由執政黨社區基礎機構所設立的 PCF 系列幼稚園，以及由國家商業協會所設立的 NTUC 托兒所。直到 1990 年代，私人、宗教、企業等開辦的幼稚園與托兒所才逐漸興盛。2001 年，F 所的成立，在當地馬上引起注目，因為 F 所有鮮明的品牌形象，這是以前新加坡幼教所缺乏的，例如：F 所以黃色與紫色作為品牌的環境、制服、招牌等的設計，以及 F 所的品牌圖案標誌、品牌標語、專業品牌行銷團隊等。F 所的出現，在新加坡幼教界颳起了一陣旋風，那就是「與眾不同」。

(6) 豐富的才藝課程

F 所受到家長歡迎的地方並不是只有在品牌形象上，還有一個重要的因素，就是豐富的才藝課程。首先，教導除了中文、英文外的第三語言，例如：日語或法語課。此外，並極力宣揚華人文化，例如：算盤、書法、朗讀等課程。這些課程，不只華人家長喜歡，部分的馬來、印度裔的家長也很風靡。所以，F 所一成立，因為有豐富的才藝課程，讓不同母語的幼兒一同加入以華語為主的學習園地。

(7) 開放加盟

由於第一間 F 所的成功經驗，短短幾年內，F 所陸續成立分校；行政制度及課程模式愈趨穩定後，F 所的專業團隊開始進行轉型，轉型成幼兒教育經營機構，開放有意願辦學團隊的加盟。

(8) 青年創業楷模

2005 年，新加坡政府的貿易部門舉行青年創業楷模選拔，F 所的創辦人 O，擊敗了其他 28 位提名人，由國家產業發展大臣手上接獲了這項榮耀的獎項。F 所的知名度大增，也建立了幼教界獨特的品牌故事。

(9) 家長意見調查

F 所的創辦人之一 P，他的專長就是市場行銷規劃。F 所在創設時的行銷策略擬定，都是藉由 P 的協助；P 讓其他創辦人能夠瞭解，F 所在幼教領域的競爭地位與發展方向。其中，P 最重視幼兒家長的意見調查，因此，每年 F 所都會舉辦「家長反饋會議」，瞭解家長的需求與滿意度。P 主張整體的行銷規劃，必須以顧客為核心。

(10)海外設校

2007 年，F 所在新加坡當地已經樹立了成功的典範，他們希望將 F 所的經驗移植到其他的華人地區，讓 F 的理念、精神與品牌，能夠在海外交流與發揚。

2. F 所行銷策略之成功經驗主題

故事中的 F 所，雖然才成立六年，但是由於創辦人匯聚各方專家，所以在創辦初期就已經擁有行銷團隊，進行園所的品牌設計。有了成功經驗後，F 所將創業經驗轉化成教育加盟機構。在跨越新世紀後才成立的 F 所，擁有自己的品牌故事；現在，他們正嘗試將行銷經驗由國內推廣至海外。以下進行 F 所行銷策略之成功經驗主題的理解與詮釋。

主題 1：專業的行銷團隊

　　專業的行銷團隊，必須包括整體部門的行銷功能。故事中 F 所的創辦人，Fp 及 O、P、Q、R、S 等人，各有不同的專長，他們充分的發揮角色職責，幫助 F 所建構內部、外部及互動等全面性的行銷規劃，並非只有侷限在外部行銷的部分。其中，P 也擔任了關鍵任務，因為 P 有實際從事商業市場行銷工作的經驗，所以 F 所成立後的行銷專案團隊就是交由他負責；這也是 F 所能在短時間成立，即獲得不錯成效的因素之一。以下就 Fp、Fs 的訪談內容，進行摘錄與相互印證：

　　　「F 所能夠有今天的成果，真的要感謝每一個創辦人，⋯⋯大家全
　　　心投入，貢獻自己的專長。⋯⋯P 是我們當中對於市場學最瞭解的
　　　人，他告訴我們要在對的地方，找對的人，做對的事，⋯⋯這就是
　　　我們的市場原則。」（Fpf/20070213/0945）

　　　「我不是這裡的股東⋯⋯，我是華語教師，⋯⋯我不是很瞭解市場
　　　學，因為我只負責教學。⋯⋯我知道 F 所在這方面有專門的團隊
　　　⋯⋯。」（Fsf/20070213/1350）

主題 2：形塑品牌特色

　　品牌管理是新世紀以後，重要的行銷趨勢之一。故事中的 F 所創立在 2001 年，是一個正在成長茁壯的階段；由於有專業的行銷團隊，擁有商業、教育及政府公務背景的核心成員，在具備信心與資金的情況下，他們共同形塑出心目中理想的托兒所，並賦予獨特的品牌特色，這是他們創業時所憧憬的，也是屬於他們獨特的品牌故事。以下就 Fp、Fs 的訪談內容，進行摘錄與相互印證：

「我們自創學前教保機構，我們建立加盟品牌……，我們的行政主
席 O 得到青年創業獎……，有許多記者來採訪我們……。我們知
道，大家對於我們的品牌開始有興趣……。」（Fpf/20070213/
1025）

「現在，只要看到黃色及紫色的廣告招牌，家長就會想到我們
……。我們的托兒所，從老師到學生，從教室裡面到大門外面，都
有我們的品牌符號和色彩……。」（Fsf/20070213/1430）

主題 3：領導者的形象魅力

領導者的形象魅力也是行銷上的策略之一。故事中 F 所的創辦人 O，就
是園所的主要領導人，由於他年輕、活力、專業的形象，經由新聞媒體的報
導，O 成為 F 所的最佳代言人。以下就 Fp、Fs 的訪談內容，進行摘錄與相
互印證：

「O 原本是政府官方的公職人員，有豐厚的薪津，但是他放棄了。
……帶著我們一起創業，……他是我們的領導者。……現在已經成
為公眾人物，他一出場……，就像明星一樣。……許多家長，希望
能和他合照。」（Fpf/20070213/1105）

「……我只是一般老師，我不常看到 O，但是我們辦公室裡，到處
都有 O 參加活動的照片。……家長有時候也會問我們 O 的事情
……。」（Fsf/20070213/1530）

主題 4：定期的顧客滿意度調查

顧客滿意度調查是一項重要的行銷資訊，可以成為未來決定行銷策略的
主要參考依據。故事中的F所，其中一位創辦人P，因為具有行銷經驗背景，

所以他提倡每年一定要舉辦兩次家長回饋會議，讓園所與顧客進行雙向溝通與交流。以下就 Fp、Fs 的訪談內容，進行摘錄與相互印證：

> 「我們的創辦人 P，他很重視家長的意見。……他會提醒我們幼兒和家長就是我們的顧客，我們要滿足他們想要的服務，……幼兒不知道怎麼表達想法，但是家長會，所以當他們表達想法的時候，我們一定要知道。……」（Fpf/20070213/1155）

> 「我們 F 所，每年都會舉行兩次的家長回饋會議，……這是要瞭解家長有什麼建議，我們有什麼需要改的地方……。創辦人他們是股東，他們很重視這種調查……。」（Csf/20070213/1550）

（三）服務行銷之個案成功經驗架構

服務行銷包含了系統架構、目標定向、策略組合等三部分；據此，彙整上述 E、F 兩個案之經驗述說及其成功經驗主題，以分析服務行銷之成功經驗架構。

1. E 園行銷策略成功經驗架構分析
(1) 服務行銷系統

服務行銷系統，包括了內部行銷、外部行銷、互動行銷等三部分。E 園為私立幼稚園，其創辦人雖然並非幼教背景出身，但是領導者能知人善任，聘請專業的合格教師，作為課程教學系統的負責人。自己在取得幼稚園校長資格後，成為專業的校長。由此可知，E 園在內部行銷方面十分強調專業分工、專才專用的部分。

而外部行銷的部分，E 園則是著重在貼近家長的想法，以期能提供適切的教學服務與設備環境等各方面的軟體與硬體的需求，並舉辦社區推廣活動，以達到招生宣傳與社區服務的雙重功效。

互動行銷的部分，E 園則強調在與幼兒及家長實際互動時的關鍵反應，

例如：家長對於原來環境不滿意時，E 園進行立即性的處理，不但留住了原有的家長，新的設備環境也吸引了更多家長的認同。

(2) 行銷目標定向

行銷目標定向係指學前教保產業市場之 STP 等規劃，E 園主要的市場區隔方式以住宅區的居住區域特色為主；其目標市場，即為 E 園鄰近區域內的幼兒；至於市場定位的部分，則為滿足園所師生人數的穩健經營園所。

(3) 行銷策略組合

E 園的 7P 行銷組合分析：在產品服務上，採用蒙特梭利課程；在價格上，為中偏高價位；在地點上，私人高級住宅區內；在推廣上，多為口碑介紹，或結合社區活動宣傳；在人員上，領導者具備溝通應變及反省知能；在實體設備上，進口之專業蒙式教材設備及規劃；在過程管理上，重視服務的態度。

由以上分析可知，E 園的行銷組合策略，受服務行銷系統架構、行銷目標定向的交互影響。當第一次的園址環境不適宜時，E 園在關鍵時刻立即更換園所；雖然在找到最理想的地點時，遭逢社區住戶排斥抗議，但是，E 園以理性的溝通，建立社區關係行銷，以獲取社區住戶認同，並招收社區幼兒等歷程。E 園所著重的行銷策略集中在產品服務、地點、推廣、人員、實體設備等五方面。E 園的努力，也獲得了預期的回報。茲將 E 園的行銷策略架構，列舉如表 4-5 所示。

表 4-5　E 園的服務行銷成功經驗架構分析

服務行銷系統		
內部行銷	外部行銷	互動行銷
內部人員進行專業分工	教育服務符合幼兒家長需求	重視互動關鍵時刻之決策
行銷目標定向：STP		
區隔	居住區域的特色——住宅區	
目標	E 園鄰近區域內的幼兒	
定位	成為滿額師生比例的穩健經營園所	

行銷策略組合：7P						
產品	價格	地點	推廣	人員	實體設備	過程管理
蒙特梭利課程	中偏高價位	私人高級住宅區內	口碑介紹、結合社區活動	領導者具備溝通應變及反省知能	進口之專業蒙式教材設備及規劃	重視服務態度

資料來源：林佳芬（2007）

2.F 所行銷策略成功經驗架構

(1) 服務行銷系統

　　服務行銷系統包括內部行銷、外部行銷、互動行銷等三部分，F 所的創辦人是一群來自各領域學有專才的各階層菁英，包括：政府行政主管、廣告行銷經理、資深幼教專家、金融會計主管、教育部退休官員等。這些具有專業背景的創辦人，匯集成 F 所的高階層管理決策人員，給予不同視野角度的經營建議。所以，F 所的內部行銷重點即為重視人力資源的專業分工。

　　至於，外部行銷部分，F 所建立了自己的品牌，包括品牌圖誌、標語及形象，甚至是園所內外的色彩設計等，並成立專業的行銷團隊，為其品牌加盟者進行共同及個別的行銷策略規劃。

　　互動行銷部分，因為園所重視幼兒家長的顧客滿意度分析，每年舉辦兩次大規模的回饋會議，希望以實際的接觸，建立多方向的互動交流管道。

(2) 行銷目標定向

行銷目標定向係指學前教保產業市場之 STP 等規劃，F 所為私立托兒所，主要的市場區隔方式為幼兒的種族及母語；其目標市場，是以華語為母語的幼兒；至於市場定位的部分，則希望成為華人地區幼教加盟機構的領先者。

(3) 行銷策略組合

F所的 7P行銷組合分析：在產品服務上，採用豐富的才藝課程，包括三語及華人文化的算盤、書法、朗誦等；在價格上，為中價位；在地點上，位於一般住宅區；在推廣上，舉辦參觀日、新聞媒體報導等方式；在人員上，領導者的形象魅力，另設有專門的行銷團隊；在實體設備上，與一般私立學前教保機構無異；在過程管理上，標準化服務流程。

由上述分析可知，行銷組合策略，會受到服務行銷系統架構、行銷目標定向的交互影響。F 所原本就有不錯的內部、外部及互動行銷機制；然而在才藝課程的強化下，尤其是現今的中文學習熱潮，F 所推出的華語教學及華人文化課程，無形中也吸引了部分非華語母語的其他族裔幼兒。因此，F 所的行銷策略集中在產品服務、推廣、人員、過程管理等四方面。F 所的品牌行銷已經成功在新加坡當地拓展門路，並朝海外華人地區進攻。茲將 F 所的行銷策略架構，列舉如表 4-6 所示。

表 4-6　F 所的服務行銷成功經驗架構分析

服務行銷系統		
內部行銷	外部行銷	互動行銷
重視人力資源的專業分工	建立品牌名稱、特色及形象	定期舉辦家長回饋會議
行銷目標定向：STP		

區隔	幼兒的種族及母語
目標	以華語為母語的幼兒
定位	成為華人地區幼教加盟機構的領先者

行銷策略組合：7P						
產品	價格	地點	推廣	人員	實體設備	過程管理
豐富的才藝課程（三語及華人文化才藝課等）	中價位	一般住宅區	舉辦參觀日、新聞媒體報導	領導者的形象魅力，並有專門的行銷團隊	一般私立學前教保機構設施	標準化服務流程

資料來源：林佳芬（2007）

五、新加坡學前教保機構服務行銷之綜合分析

　　依據上述關於新加坡學前教保環境背景分析、學前教保服務之發展沿革、學前教保機構服務行銷現況之問卷調查、學前教保機構服務行銷個案之經驗敘說等，進行綜合性分析。

（一）新加坡都會地區人類發展指數高，適合幼兒成長與教育，受限於少子化的人口趨勢，學前教保機構必須建立特色，以因應不同家庭需求服務

　　新加坡之人類發展指數為 0.916，此指數即為評估壽命、識字率、教育水平、兒童福利及生活質素等因素，屬於高指數地區。新加坡的社會高度發展，呈現少子化及人口老化的高齡化現象；新加坡政府擔心社會勞動力與兵源不足，進而影響國家競爭力與國家安全，因此放寬了移民政策，大量吸引

外來移民，希望補足人口可能出現的負成長。新加坡為多元文化之移民社會，自學前教育階段即推展其不同的母語教學。在幼兒人數持續減少的情況下，學前教保機構應該因應當地不同族裔的家庭需求，以建立特色服務內容。

（二）當地人民收入公平性指標超過警戒線，呈現貧富差距過大的「M型」結構，學前教保產業經營策略必須因應當地的社經收入

新加坡在 1970 年後，因應經濟發展同時大幅度提高居住、教育、交通等建設。在邁向新世紀後，當地生產總值與人民平均GDP均大幅的提高，因此自國小階段即進行教育分流，規劃國家未來的人力階層。雖然，整體薪資提高，但是社會薪資階層仍有巨幅的高低落差。目前，其基尼係數為 0.462，即為判斷該地人民收入分配公平程度的指標，新加坡已超過 0.4 的「警戒線」，容易因為貧富差距而形成社會動盪。主要已開發國家的基尼指數在 0.24 到 0.36 之間，新加坡為鄰近地區基尼係數最高者，也是東南亞貧富差距最嚴重的地區之一。因此，學前教保產業的經營策略必須清楚定位，為「M型」社會的經濟結構提供適合的教育服務內容。

（三）當地人口匯聚，為多元民族、文化及宗教的移民社會；目前幼兒教育階段的語言政策以英語為主，民族母語為輔

新加坡人口以華人為主，占 77%，其他民族包括：馬來人約 14%、印度裔 8%，另有少部分歐亞混血人口。其華人多為中國廣東或福建沿海移民的後裔，又以福建移民占過半數。新加坡通用華語、英語、馬來語和泰米爾語等四種官方語言，但政府機構及學校以英語為主，華文課程則採用簡體中文。早期的新加坡華人大多習慣使用不同的方言母語，但是經過幾次大規模政府主導的「講華語運動」後，絕大多數新一代的華人多習慣使用普通話。新加坡都會區位人口匯聚，是一個多元民族、文化及宗教的移民社會；目前幼兒教育階段的語言政策以英語為主，民族母語為輔。

（四）1965 年以前採用民間自助式幼教，建國以後「人民行動黨」與「國家商業協會」積極投入幼教，1990 年後各式幼兒教育蓬勃發展，進入民間自由市場競爭期

　　在新加坡正式獨立以前，幼兒教育幾乎全仰賴民間資源與自助，統治者並未投入太多的關注與約束。新加坡自 1965 年成為主權獨立國家，執政黨人民行動黨與國家商業協會致力於學前教保服務，陸續成立 PCF 系列之幼稚園與 NTUC 系列之兒童照顧中心。1990 年代以後，新加坡政府對於政黨色彩濃厚的 PCF 及 NTUC 機構不再給予特權，並輔導其轉型為師資專業進修機構，進而鼓勵民間自立經營。

（五）新加坡目前的學前教保機構全部為私人單位興辦，幼稚園與托兒所均可以提供幼兒教育服務；幼稚園的政府管轄單位為教育部（MOE），而托兒所的管轄單位由社區發展青年體育部（MCYS）管理

　　新加坡的幼兒教育服務機構並無公立的部分，均為私營部門，包括地方社區、宗教機構、社會組織和企業組織等。其幼兒教育服務系統分成幼稚園和托兒所兩種，幼稚園是為 3～6 歲的孩子每星期五天的半天制教育；而托兒所是為學齡前幼兒提供全天或半天的托育照顧，並包括部分時間的教育課程。新加坡幼稚園的政府管轄單位為教育部（MOE），而托兒所的管轄單位為社區發展青年體育部（MCYS）管理。

（六）學前教保產業之服務行銷系統架構現況，其整體之認知重要性高於實際運作，認知重要性以內部行銷為最高，實際運作以外部行銷為最高；學前教保機構不同基本變項者，經過統計檢定後亦有其差異性

　　由研究調查得知，服務行銷系統的認知層面高於實際運作層面，認知重要性以內部行銷為最高，實際運作以外部行銷為最高；不同基本變項的類

別，也會有差異，例如：「私立非營利」幼稚園，其行銷認知重要性及實際運作高於「私立」幼稚園；「有負責單位及人員」的幼稚園，其行銷認知重要性及實際運作較高；「11～20年」園所歷史者，其行銷認知重要性及實際運作較高；不同園所規模之行銷，以「51～100人」，其行銷認知重要性與實際運作高於「50人以下」者；不同園所位置之學前教保機構，其行銷實際運作以「西北區」、「東南區」與「中區」高於「東北區」。

（七）其行銷目標定向，目前超過一半以上的幼稚園有選擇目標市場，市場區隔以「幼兒之種族或母語」為優先，而市場定位以「穩定居中者」為多數

依據研究調查資料顯示，有55%的幼稚園有選擇目標市場，有45%的受試者為選定目標市場或從未思考過目標市場的問題。多數的幼稚園會以「幼兒之種族或母語」作為主要的市場區隔要素，其次是區域特色。而其市場定位則有37%選擇「穩定居中者」，23%選擇「領先標竿者」，以上述兩項之定位為多數；其他依序為：22%為「跟隨學習者」，9%為「不知道者」，6%為「新近挑戰者」。

（八）其行銷策略組合中，產品服務以「雙語教學」為最多，價格以「中、低價位」占多數，地點以「交通便利」為主要考量，推廣以「舉辦園所的開放參觀日」為最多，人員以具備「合格專業」為最多，實體設備多強調「教具教材」，過程管理以具備「服務態度」為最多

分析服務行銷策略之7P組合，經過問卷調查分析得知，當地目前的產品服務以「雙語教學」為最多，其次為主題式與角落式，其餘依序為蒙特梭利式、方案教學、多語言、福祿貝爾、華德福、全美語及其他方式。此外，在價格方面，以「中價位」居多，占56%，「低價位」占29%，「高價位」占15%。地點方面以「交通便利」為主要考量，鄰近住宅等為次之。推廣方面，以「慶典表演及舉辦園所的開放參觀日」為最多，占七成。人員方面，

以具備「合格專業」為最多，占六成。實體設備方面，有八成的園所其目前所強調的為「教具教材」。過程管理方面，有七成的園所其目前所強調的是「服務態度」。

（九）有一半左右的學前教保機構有行銷推動困境，其原因最多為「園所事務繁忙無足夠時間推動行銷策略」及「園所尚未建置專門的行銷單位及人力」；其解決途徑大多數為「以園所內部的人力與資源進行改革」，解決重點大多數優先想要解決的為「教育服務內容」

依據研究調查得知，有 53% 的學前教保機構有行銷推動困境，沒有推動困境的占 47%；其原因最多為「園所事務繁忙無足夠時間推動行銷策略」，其餘依次為「園所尚未建置專門的行銷單位及人員」、「園所未編列經費以推動行銷策略方案」、「園所教職員工未能感受到行銷的重要性」、「園所經營主管缺乏行銷實務之認知與經驗」等。其解決途徑大多數為以「以園所內部的人力與資源進行改革」，占 62%；而解決重點大多數優先想要解決的為「教育服務內容」，其餘依序為「實體設備」、「教育服務人員」、「推廣方式」、「服務過程」、「價格」、「地點」。由此顯示，目前新加坡學前教保機構對於教育服務內容與實體設備是想要改善，居前兩名；而價格與地點目前較為認同，居於後兩名。

（十）滿足顧客的潛在需求是內部、外部與互動行銷的關鍵要素，「建立專業的行銷團隊」、「定期的顧客滿意度調查」、「友善的社區關係行銷」等都是可行的策略之一

由 E、F 兩個案園所的訪談敘說其成功經驗，得知在服務行銷系統架構的運作上，內部、外部與互動行銷的關鍵要素即為重視顧客回饋與滿意度，其中建立專業的行銷團隊、定期的顧客滿意度調查、友善的社區關係行銷等，這些都是行銷策略在擬定、執行與鑑核時的經驗分享與可行策略。

第五章

展望篇：

華人學前教保機構服務行銷之評論

壹、華人學前教保機構服務行銷之評析

彙整三地華人城市背景、分析其服務行銷現況，以及成功個案架構等，依序論述如下。

一、華人學前教保機構服務行銷之城市背景

（一）三地之人文環境背景，多為華人移民後裔，且呈現少子化趨勢；唯三地過去殖民歷史與當地母語不一，其學前教保服務行銷內容，多受民族文化與語言政策之影響

三地學前教保產業之人文環境，在人口的結構比例上均呈現出少子化趨勢，其居住之人民以華人移民後裔為多數，台北為絕大多數，香港華人占95%，新加坡華人占77%。但是，三地受到過去殖民歷史的語言、文化等多方的影響，且當地家庭母語有其差異性，目前三地的學前教保產業之服務內容策略，多受民族文化與語言政策之影響，例如：台北禁止幼兒教育階段施行全美語教學；香港在回歸中國後施行「兩文三語」的多語言式教學模式；新加坡推動的「講華語運動」等。

（二）三地之地理環境背景，其學前教保機構林立，以台北為最密集；且三地行政區域劃分不一，幼兒家庭居住區域具有社經背景意義，成為學前教保服務行銷市場區隔因素之一

三地學前教保產業之地理區位環境，學前教保機構的密集度高，台北平均每0.29平方公里就有一家學前教保機構，香港每1.08平方公里就有一家，而新加坡則是每0.57平方公里就有一間；學前教保機構的密集度以台北為最高。此外，三地行政區域劃分雖然不一樣，各地區具有區域背景特色，其幼兒家庭的居住地點區域也呈現出社經背景之分別，並成為學前教保產業主要市場區隔因素之一，例如：台北的大安區為當地家庭收入高社經區；香港的

「公共屋邨」為中等偏低收入家庭之住宅區；新加坡之排屋社區為高收入家庭住宅區。

（三）三地之政治環境背景，其學前教保機構類型與教保制度不一，並分屬不同部門單位管轄；三地學前教保產業的經營發展，多受制於當地政府幼兒政策的獎勵與監控

三地學前教保產業之政治區位環境，其學前教保機構類型與教保制度不一，並分屬不同部門單位管轄。台北亟欲改善幼稚園與托兒所在「學前教保合一」的問題，將於 2011 年正式推動幼托整合政策；香港經過 2005 年協調學前服務政策後，已經進行「幼托年齡劃分」，只有幼稚園能提供幼兒教育服務，並由教育統籌局管轄；新加坡則是維持「幼托功能劃分」，幼稚園歸教育部管轄，只提供半日的教育服務；托兒所歸社區發展青年體育部管理，提供托育與教育雙重功能服務。三地學前教保產業的經營發展，多受制於當地政府幼兒政策的獎勵與監控，例如：台北的幼兒教育券政策，帶動學前教保機構的合法立案；香港的幼兒學券政策，迫使私立獨立幼稚園必須選擇轉型為非牟利組織，或朝向提供高收入家庭的幼教服務；新加坡的學前援助計畫對於當地就讀非營利幼稚園的補助等。

（四）三地之經濟環境背景，均為人類發展高指數地區，適合幼兒成長與教育，唯香港及新加坡之貧富差距超過國際危險值；學前教保產業行銷策略除朝向優質化競爭外，亦反應出華人家庭的「Ｍ型」教保需求

三地學前教保產業之經濟區位環境，為人類發展指數之高指數地區，台北為 0.925，香港為 0.927，新加坡為 0.916，三地指數相近且偏高，代表其適合幼兒成長與教育。但是，三地之貧富落差，以香港及新加坡為甚，兩地之基尼係數超過國際危險值，台北則介於合格邊緣。由經濟區位分析，可知學前教保產業行銷策略除朝向優質化競爭外，亦反應出華人家庭的「Ｍ型」教保需求。

二、華人學前教保機構服務行銷之現況趨勢

（一）三地之學前教保機構其服務行銷系統架構現況調查，以「認知重要性」高於「實際運作」，其各層面系統架構與不同背景變項有其差異性

　　台北、香港、新加坡三地之學前教保機構，其服務行銷現況，均以「認知重要性」高於「實際運作」，意即瞭解服務行銷的重要性，但是實際行動上需要再強化。其中，台北園所的服務行銷重視教保人員與幼兒及其家長的「互動行銷」部分；香港園所重視組織內部的人員制度與外部宣傳推廣行銷，但是在實際運作上仍以「外部行銷」活動為最多；新加坡園所重視「內部行銷」，但是實際運作上多為「外部行銷」活動。

（二）三地之學前教保機構其行銷目標定向調查，所著重的市場區隔因素不一，目標市場選擇情況亦不同；但是，市場定位多為「穩定居中者」。

　　三地學前教保機構之行銷目標定向，所著重的市場區隔因素不一，台北強調「教育服務特色」，香港強調「幼兒家庭經濟能力」，新加坡強調「幼兒種族母語」；目標市場選擇情況亦不同，台北有八成園所未選擇或不清楚目標市場，香港及新加坡則超過一半有選擇目標市場；但是，三地之市場定位多為「穩定居中者」，呈現多數華人經營的中庸哲學；定位為「領先標竿者」的追求卓越思維者，比例約占兩、三成左右。

（三）三地之學前教保機構其行銷策略組合調查，大多數園所的「價格」、「推廣」、「人員」、「實體設備」等策略相似，而「產品服務」、「地點」、「過程管理」等策略有所差異

　　三地學前教保機構之行銷策略組合，大多數園所的「價格」、「推

廣」、「人員」、「實體設備」等策略相似，而「產品服務」、「地點」、「過程管理」等策略有所差異。在行銷策略組合中的推廣策略，均以「舉辦園所開放參觀日」為最多。在人員策略方面，均以「合格專業」為最多。在實體設備方面，均以「教具教材」為最多。三地在行銷策略組合差異部分，台北的產品服務策略多以「主題式教學」與「角落式教學」為主；香港的產品服務策略以施行「兩文三語」的「多語言教學」為最多；新加坡的產品服務策略以英語及種族母語的「雙語教學」為最多。在地點策略上，台北與新加坡以「交通便利」為最多；香港以「鄰近住宅」為最多。在過程管理策略上，台北與香港的過程管理策略以「服務考核獎懲」為最多；新加坡的過程管理策略以「服務態度」、「服務時效」為最多。

（四）三地之學前教保機構其服務行銷推動困境調查，大多數園所「有困境」，其困境原因多為「尚未建置專門的行銷單位及人力」與「園所事務繁忙無足夠時間推動」

三地在服務行銷推動困境上，均以「有困境」占多數，其中台北與香港有困境者，約占八成；新加坡有困境者相較前二者為少，占五成。三地在行銷策略推動困境原因中，均以「尚未建置專門的行銷單位及人力」及「園所事務繁忙無足夠的時間推動行銷策略」等兩項為最多數。

（五）三地之學前教保機構其服務行銷推動困境解決途徑調查，解決方式多以「園所內部的人力與資源進行改善」，解決重點則三地各有差別

三地之學前教保機構，調查其服務行銷推動困境之解決途徑，解決方式多以「園所內部的人力與資源進行改善」，解決重點則三地各有差別。其中，台北園所最優先要改善的行銷策略為「實體設備」；香港與新加坡園所最優先要改善的行銷策略為「教育服務內容」。

三、華人學前教保機構產業服務行銷之成功經驗

（一）三地成功個案之服務行銷架構均重視內部行銷的專才分工

由三地成功經驗個案之服務行銷架構分析，得知六個學前教保機構都重視內部行銷中人力專才的分工部分，例如：台北的A園重視人力輪值分工，B所重視園所組織的人力資源；香港的C園重視教育人員的宗教認同、愛與奉獻，D園重視師資的專業受訓；新加坡的E園重視教職人員的專業分工，F所重視人力資源的專業分工。

（二）三地成功個案之STP的目標市場區隔定位有其情境差異

由三地成功經驗個案之行銷策略定向，得知六個學前教保機構都符合STP之目標市場區隔定位，例如：台北的A園以成為附近幾所公立附設幼稚園的領先標竿者做為市場定位，B所以成為當地大型且具知名度的幼托園所做為市場定位；香港的C園以宣揚其宗教教育愛做為市場定位，D園以成為具有品牌特色的幼教加盟機構做為市場定位；新加坡的E園以成為滿額師生比例的穩健經營園所做為市場定位，F所以成為華人地區幼教加盟機構的領先者做為市場定位。

（三）三地成功個案均共同強調服務行銷7P中之產品、人員策略

由三地成功經驗個案之行銷策略組合，得知六個學前教保機構均共同強調7P中的產品策略與人員策略。其中，台北A園的產品策略為由傳統教學轉為方案教學，其人員策略由只重視專業合格轉為加強應變知能，B所產品策略為楷模學習教學模式，其人員策略為重視敬業負責並聘請行銷顧問；香港C園的產品策略為靈性課程與方案教學，其人員策略為具有宗教教育愛，D園的產品策略為多元智能課程模式，其人員策略為多元智能師資進修培育；新加坡E園的產品策略為蒙特梭利課程，其人員策略為領導者具有溝通應變及反省知能，F所的產品策略為豐富的才藝課程，其人員策略為領導者的形象魅力並設有專門的行銷團隊。

（四）三地成功個案均重視幼兒家長資訊及滿意度的探詢

　　由三地成功經驗個案之行銷策略成功經驗主題，得知六個學前教保機構均重視幼兒家長意見及滿意度的探詢，例如：台北的 A 園以非正式意見探詢方式獲得家長訊息，B 所以同理心方式進行親師溝通；香港的 C 園以感動行銷營造親師互動，D 園以居住區域做為家長社經背景的調查；新加坡的 E 園以滿足顧客的潛在需求作為鞏固家長信心的基礎，F 所以定期的顧客滿意度調查作為園所的回饋修正意見。

貳、華人學前教保機構服務行銷之結論

一、華人行銷學理發源早於西方現代文明，自春秋戰國時期即有史料記載，包括：市場調查、供需議價、創新商機、品牌形象等立論，呼應了現今風靡之行銷智謀與藝術，亦顯示華人應變時局的民族韌性

　　由前述文獻探討得知，行銷的學理概念其實早於以西方文明為主的現代社會科學，在數千年前的中國歷史文獻中，於春秋戰國時期即有相關史料記載，例如：西漢文史學家司馬遷，在其著作《史記》貨殖列傳及《平准書》中，記載了許多華人祖先在商業經營上的行銷管理智謀。另外，還包括：子貢以「結駟連騎，周流天下」的市場調查，范蠡以「論其有餘不足，則知貴賤」的供需議價，程鄭以「賈椎髻之民」的創新商機，白圭以「與時俯仰，應時而變」的品牌形象等。由此可以探知華人先輩在面對產業競爭時所展現的市場行銷智謀與藝術，不但呼應了當今所風靡的行銷學理，亦顯示了華人應變時局由古至今所傳遞的民族韌性。

二、台北、香港、新加坡均源自相同的族裔文化，共同面臨 戰爭、帝國殖民與經濟起飛；三地學前教保產業由民間 自助、慈善扶幼、自由競爭到政策管控，其跨越新世紀 後的行銷策略模式可以彼此借鏡、省思及扶持共榮

台北、香港、新加坡等三地的華人祖裔，多為中國東南沿海的省分，如廣東、福建等粵系與閩系之族群；其祖先飄洋過海來到了新的島嶼、新的天地，建立家園。三地也共同遭逢二次大戰，英國、日本等帝國的殖民，以及1970年代開始的經濟起飛，成為亞洲四小龍之一。在此期間，三地學前教保產業的成長，亦是一路篳路藍縷，從早期因環境困窘，幼兒教育不被重視，大多由民間以自助學堂的方式進行；到了西方傳教士東來，開始以慈幼宣教的方式辦學，並陸續有地方公益人士興辦扶幼機構等；直至戰後，政府開始正式投入幼教建設，開啟了教保機構的蓬勃發展與自由競爭時期。跨越新世紀後的三地政府，多以政策改革進行幼教產業的管控，例如：幼兒教育學券制度等，其行銷策略模式的異同比較，可以提供彼此借鏡、省思及扶持共榮的參考依據。

三、都會城市為人口和產業匯聚的生態系統架構，其學前教 保機構服務行銷之背景分析，包括了人文、地理、政治、 經濟環境等層面，以剖析幼兒人口結構、教保機構密集 性、幼兒政策與管轄，及家庭社經分布等深層脈絡

都會城市為物競天擇的生態系統架構，學前教保機構亦不例外，其服務行銷背景分析，可以從人文、地理、政治、經濟環境等層面，來瞭解幼兒人口結構、教保機構密集性、幼兒政策與管轄，以及家庭社經分布等深層脈絡。分析三地之背景特色，其人文環境，幼兒人口呈現少子化趨勢，且多為華人移民後裔；地理環境，其學前教保機構密集林立，以台北為最密集，且幼兒家庭居住區域具有社經背景意義；政治環境，其學前教保機構類型與教

保制度不一，並分屬不同部門單位管轄；經濟環境，為人類發展高指數地
區，均適合幼兒成長與教育，唯香港及新加坡之貧富差距超過國際危險值。
學前教保產業行銷策略除朝向優質化競爭外，亦反應出華人家庭的「M型」
教保需求。

四、學前教保產業若失去國家政府保護，會如同其他教育服務產業必須面臨全球化競爭；隨著環境的變遷與渾沌，其服務行銷系統應該整合內部行銷、外部行銷與互動行銷等制度系統

三地已經在 2002 年之前加入 WTO，其 GATS 協定已經明確的將教育定
位為服務產業。本研究之比較三地，其學前教保服務並非如同國民教育是由
政府徹底資助，而是屬於部分資助；在 GATS 的規範下，除非三地政府將幼
兒教育列入國家政策的資助對象，否則幼兒教育亦可能跟隨著高等教育、成
人教育的腳步，即將面對來勢洶洶的全球性競爭或合作。

此外，目前三地正面臨少子化所形成幼兒人數減少的衰退困境；依據產
業環境類型分析，目前學前教保產業具有「分散競爭」、「變遷挑戰」、
「市場衰退」、「全球競爭」等四種環境特質，處於一非常混沌的狀態。依
據 Thomas（1978）及 Kotler（2000）的服務行銷策略理論，目前的學前教保
產業需要建立兼顧內部行銷、外部行銷與互動行銷等金三角系統架構，以全
方性角度推動行銷規劃、設計與執行、評核、創新等循環式歷程，以期因應
環境的變遷與渾沌，開創新藍海。

五、三地學前教保機構服務行銷之現況調查顯示，服務行銷系統以「認知重要性」高於「實際運作」，行銷目標定向與策略組合則有其差異性；多數園所有推動困境，並以「園所內部人力與資源進行改善」為解決方式，其解決重點策略則不一

台北、香港、新加坡三地之學前教保機構，其服務行銷系統架構現況調查，以「認知重要性」高於「實際運作」，其各層面系統架構與不同背景變項有其差異性。台北的服務行銷系統架構，其認知重要性及實際運作以「互動行銷」為最高；香港的認知重要性以「內部行銷」與「外部行銷」為最高，實際運作以「外部行銷」為最高；新加坡的認知重要性以「內部行銷」為最高，實際運作以「外部行銷」為最高。

三地之行銷目標定向，所著重的市場區隔因素不一，目標市場選擇情況亦不同。而其行銷策略組合，則多數園所的「價格」、「推廣」、「人員」、「實體設備」等策略相似，而「產品服務」、「地點」、「過程管理」等策略有所差異。其行銷策略推動困境，多數園所為「有困境」，其困境原因多為「尚未建置專門的行銷單位及人力」與「園所事務繁忙無足夠時間推動」；其行銷策略推動困境之解決方式，多以「園所內部的人力與資源進行改善」；解決重點則三地各有差別，台北以「實體設備」為優先，香港與新加坡則以「教育服務內容」為優先。

六、三地學前教保機構服務行銷之成功案例顯示，不同情境命題之個案故事，會因應其服務行銷系統現況的差異，藉由市場目標定向與策略組合，以建置其成功的經驗架構

分析成功個案之架構運作，三地之不同情境故事的學前教保機構，需要不同的服務行銷以因應，例如：「以行動研究化解招生危機的台北公立幼稚園」、「與區媒體合作的台北私立托兒所」、「推展宗教愛的香港非牟利幼

稚園」、「爭取幼教政策資源的香港私立獨立幼稚園」、「擴展社區公關的新加坡私立幼稚園」、「建立品牌加盟團隊的新加坡私立托兒所」等，這些個案均因應其當地不同的經濟資源，以推動適合自己機構的服務行銷方式。據此可知，學前教保機構服務行銷的推動，應該先瞭解服務行銷系統的現況，再進行 STP 行銷目標定向的決策，以選擇合適的 7P 行銷策略組合。

七、三地學前教保機構服務行銷之競爭趨勢，多數以「穩定居中者」為市場定位，呈現出華人經營思維上的樸實與中庸性格；但在成功個案經驗分析上，其領導者與團隊的教育熱誠、應變知能與創新思維是成為「標竿領先者」出眾關鍵

由服務行銷現況調查得知，三地學前教保產業行銷策略之競爭趨勢，多數以「穩定居中者」為市場定位，呈現出華人經營思維上的樸實與中庸性格。但在本研究個案的訪談結果顯示，其成功個案經驗之分析，學前教保產業的領導者與其工作團隊的教育熱忱、應變知能與創新思維等，是他們能成為「標竿領先者」出眾關鍵因素之一。由此可知，華人大多有穩健取向經營風格，但是少數具有創新活力者，能夠在既有的基礎上，向上攀爬並拔得頭籌，眺望到未來的遠景或先機。

八、三地學前教保機構服務行銷之未來發展，除了原有的自由市場競爭，政府必須以幼兒福祉為首要考量，避免「M型」化的家庭社經結構，提早「複製」在學前教保機構的選擇上，以營造華人政府、幼教產業與幼兒三贏的機會

三地處於人類發展指數與基尼係數雙高的環境下，這樣的處境正是憂喜參半。高人類發展指數地區顯示其適合幼兒的生長與教育，但是高基尼係數則表示其人民貧富差距值過高，會形成家庭經濟的兩極落差。三地中以香港及新加坡為甚，已經超過國際危險值，而台北則位於警戒線的邊緣。因此，

學前教保機構行銷策略經營之未來發展，除了原有的自由市場競爭，政府必須以幼兒福祉為首要考量，多以政策福利導引，避免「M型」化的家庭社經結構，提早「複製」在學前教保機構的選擇上，以營造華人政府、幼教產業與幼兒三贏的機會。其中，台北近期的扶幼計畫，推動公立學前教保機構轉型成扶助弱勢幼兒；香港施行的幼兒教育學券制度，即是為了鼓勵幼兒家庭選擇非牟利幼稚園；新加坡的學前資助計畫，及補助幼兒就讀當地非營利幼稚園等。顯示華人三地政府對於學前教保政策的積極投注。

參、華人學前教保機構服務行銷之建議

本書據此針對教育主管機關、學前教保服務之經營者及其從業人員、幼兒家長等提出相關建議，以供參考。

一、教育主管機關

（一）應用服務行銷之學理架構，規劃學前教保機構的管理與評鑑制度

服務行銷學理多數歸於商業領域，對於學前教保機構的經營者而言，較為生疏。然而，學前教保機構屬於服務產業之一，瞭解服務行銷學理與實務有其必要性。由前項研究中可知，三地華人教保機構瞭解服務行銷的重要性，但是在運作上仍多以促銷推廣活動為多。在服務行銷三角架構中，內部行銷、外部行銷與互動行銷的交互關係，會影響幼兒教保服務品質。依據華人三地政府目前的推動重點多在政策法令上，除了整合管轄事權外，亦應妥善規劃學前教保機構的管理及評鑑制度等。納入服務行銷之學理與架構，有助於學前教保機構可以瞭解服務產業行銷的全面性，必須包括組織內部、外部，與服務互動等層面的健全，方能穩健發展。

（二）推動獎優汰劣的經費補助政策，健全學前教保服務功能

三地的幼兒政策會影響學前教保機構的行銷策略發展，例如：台北在 2000 年施行的幼兒教育券政策，有效減少學前教保機構不合法立案的比率；香港 2007 年的幼兒學券政策，主要為補助幼兒就讀非牟利幼稚園的學費；新加坡在 2007 年的學前援助計畫，也是在補助非營利幼稚園的學費。三地政府目前均朝著經費補助政策，應以健全學前教保服務功能為主要核心。其中，香港及新加坡因為貧富指數差異過大，已經成為亞洲「Ｍ型」社會結構的地區，兩地政府在學前政策的引導下，多鼓勵當地幼兒就讀非營利組織之學前教保機構，以減少私立貴族教保機構的盛行。台北雖在貧富指數範圍邊緣內，但是仍應以此為借鏡。

二、學前教保服務之經營者

（一）規劃專責行銷策略單位、指導顧問或外部合作團隊

由研究調查顯示，三地學前教保機構大多未設置專責的行銷策略單位或人力編制；但是，多數園所表達出行銷策略推動困難的原因，為「未建置專門的行銷單位或人力」及「園所事務無足夠時間推動行銷策略」。然而，三地的行銷策略均顯示「有專責行銷單位或人力」者，在行銷策略的「認知重要性」與「實際運作」高於「無專責單位，也無專人辦理」者，可見專業人力或編制的重要性。因此，建議學前教保產業經營者，可以在內部編制專責的行銷單位及人力，或選擇聘請行銷策略顧問，或與外部專業的行銷公司合作等，以利行銷策略的有效推動。尤其在六個成功案例故事中，可知團隊合作與尋求專業協助等人力資源策略的重要性。

（二）應用服務行銷理論模式，分析行銷三角系統現況，再擬定目標定向，選擇策略組合，以因應不同情境背景

由研究結果得知，學前教保產業之行銷策略的理論模式，首先，要瞭解

行銷策略的系統架構在內部行銷、外部行銷與互動行銷的現況，再擬定 STP 的目標市場策略定位，包括：市場區隔、目標市場選擇、市場定位等；以選擇 7P 之行銷策略組合，包括：產品服務、價格、地點、推廣、人員、實體設備、過程管理等項目。並需要因應不同的背景情境等，建構可行的成功經驗主題。

三、學前教保相關從業人員

（一）整體教職員工應瞭解服務行銷系統架構之內部、外部、互動行銷的關聯與重要性

整體教職員工是行銷策略擬定、執行與鑑核的關鍵要項，任何成員都是行銷系統架構中的一員，所以教職員工應該要瞭解「行銷」並不是傳統的「推銷」，推銷者只需要注意自己能否將產品賣出，而行銷者需要瞭解產品的生產、製作到品管，並非只是推銷。因此，建議整體教職員工都應瞭解服務行銷系統架構之內部、外部、互動行銷的關聯與重要性，讓自己在適當的位置做出關鍵性的服務，這也是有效的行銷策略。

（二）加強溝通應變、省思革新與創意研發知能，以強化服務行銷之人員策略

由研究結果顯示，行銷策略組合中的人員策略，三地園所均著重在「合格專業」、「敬業負責」、「團隊合作」等方面，但是在「溝通應變」、「創意研發」、「省思革新」等部分相較缺乏。因此，建議三地的幼兒教育從業人員，無論是領導者或一般教職員工，加強溝通應變、省思革新與創意研發知能，除了可以強化行銷策略組合之人員策略，更可以建立自己與眾不同的專才，在適當的時機中發揮所長，迎接挑戰。

四、幼兒家長

（一）觀察學前教保機構的服務行銷方式，可以瞭解其教育使命與定位

幼兒家長在選擇幼兒教育園所時，可以從其行銷策略組合來瞭解該機構的教育使命與定位，例如：公立、私立、私立非營利等不同體制學前教保機構，在產品服務、價格、地點、推廣、人員、實體設備、過程管理等的策略組合之差別，例如：香港幾所著名的非牟利幼稚園因為宗教奉獻理念，將其營收回饋在園所的師資、設備等各方面，其整體條件高於私立獨立幼稚園，價格收費卻堅持低於私立獨立幼稚園，而形成每年的報名熱潮。

（二）透過政府之幼教資訊系統，選擇合宜的學前教保機構

依據研究分析，三地的幼兒教育管轄部門，均設有學前教保資訊系統，提供當地家長有關之選擇訊息，包括合格立案園所的師資、環境、設備、價格、地點等資料，例如：台北市政府教育局的「重要的一小步」資訊系統、社會局的「兒童福利托育系統」；香港教育統籌局的「2007 年幼教資訊導覽」；新加坡教育部的「幼稚園資訊系統」，其社區發展青年體育部的「托兒所地區導覽」等。這些政府的學前教保資訊系統，是免費公開的行銷網絡，幼兒家長可以在實地參觀前先行上網查詢。

參考文獻

中文部分

中國學前教育研究會（2003）。**百年中國幼教**。北京市：教育科學出版社。

孔美琪（1999）。**香港學前教育之實況**。香港：世界幼兒教育聯會香港分會。

文崇一、楊國樞（2000）。訪問調查法。載於楊國樞等著，社會及行為科學研究法（下冊）。台北市：東華。

方世榮（2003）。**行銷學**。台北市：三民。

台北市政府主計處（2007）。**市政公報**。取自 http://www.gazette.taipei.gov.tw/

何鑫毅（2004）。**以顧客關係管理探討連鎖幼兒教育關鍵成功因素**（未出版之碩士論文）。私立長榮大學，台南市。

余朝權（1994）。**產業競爭分析專論**。台北市：五南。

余朝權（2001）。**現代行銷管理**。台北市：五南。

吳明清（1991）。**教育研究：基本觀念與方法分析**。台北市：五南。

吳姈娟（1999）。**金恩的比較教育理論與方法**。台北市：揚智。

吳慧珠（2001）。企業網路行銷策略之探討。**清雲學報，21**（1），167-175。

吳曙吟（2005）。**家長選擇幼兒園決策取向與其對幼兒園服務品質滿意度之研究**（未出版之碩士論文）。國立花蓮師範學院，花蓮市。

巫銘昌（2002）。**理性思維培育課程對於高等技職教育學生之教學成效研究**。雲林縣：雲院書城。

巫鐘琳（2005）。**幼稚園本位在職進修與幼教師專業成長之研究**（未出版之碩士論文）。國立嘉義大學，嘉義縣。

李正義（2003）。**幼教機構導入 ISO 9000 管理績效評估之研究：以台中縣石竹村幼教機構為例**（未出版之碩士論文）。私立南華大學，嘉義縣。

李芳靜（2004）。**幼兒園中教育友誼、互動接觸與家長關係管理效能之研究：以南部地區私立幼兒園為例**（未出版之碩士論文）。私立樹德科技大學，高雄縣。

李恩涵（2003）。**東南亞華人史**。台北市：五南。

沈玉屏（2006）。**幼教市場策略與績效指標之研究：以吉的堡教育機構連鎖體系為例**（未出版之碩士論文）。私立大葉大學，彰化縣。

林天祐（2006）。**認識研究倫理**。取自 http://www.socialwork.hk/article/educate/gf15.htm

林佳芬（2005）。台灣學前教育政策：「幼托整合」與「國民教育向下延伸」之探究。海峽兩岸教育政策與實踐學術研討會，2005 年 8 月 9 日。上海：華東師範大學。

林佳芬（2007）。華人幼兒教育產業都會區位行銷策略之比較研究：以台北、香港、新加坡三地為例（未出版之博士論文）。國立台北教育大學，台北市。

林佳芬、林舜慈（2010）。研究典範的視框位移：以家庭科學教育混合方法研究為例。中華家政學刊，**48**，63-82。

林佳蓉（2004）。幼兒教師任教職志、工作壓力及社會支持之質性研究（未出版之碩士論文）。國立屏東師範學院，屏東市。

林建山（1985）。企業環境掃描：市場機會分析。台北市：商務印書館。

林建煌（2002）。行銷管理。台北市：智勝文化。

林新富（2001）。轉換成本在顧客滿意度與顧客忠誠度關係之干涉效果：以台北市私立幼教產業為例（未出版之碩士論文）。私立實踐大學，台北市。

邱慧芳（2004）。北高兩市幼兒園家長消費決策行為之研究（未出版之碩士論文）。國立屏東科技大學，屏東縣。

柯宜均（2006）。F 世代家長選擇幼兒園所之消費決策行為研究（未出版之碩士論文）。國立屏東科技大學，屏東縣。

洪啟玲（2007）。「意在教學」與「樂在教學」：從兩位幼教師敘說看幼教專業的茫然與統整（未出版之碩士論文）。私立樹德科技大學，高雄縣。

洪雯柔（1996）。貝瑞岱比較教育研究方法之探析（未出版之碩士論文）。國立暨南國際大學，南投縣。

洪雯柔（2000）。貝瑞岱比較教育研究方法之探析。台北市：揚智。

洪順慶（2003）。行銷管理。台北市：新陸書局。

范雅雲（2005）。新竹地區幼稚園學校行銷策略認知與運作之研究（未出版之碩士論文）。國立新竹教育大學，新竹市。

香港特別行政區政府（2007）。關於香港。取自 http://www.gov.hk/tc/residents/

香港教育統籌局（2007a）。為學前教育提出前瞻性的發展方向。取自 http://www.emb.gov.hk/index.aspx?nodeid=5896&langno=2

香港教育統籌局（2007b）。學前教育政策目標。取自 http://www.emb.gov.hk/index.aspx?nodeID=2&langno=2

翁麗芳（1998）。幼兒教育史。台北市：心理。

高淑清（2004）。**質性深度訪談：技巧與策略**。嘉義縣：國立中正大學清江終身學習中心。

國際貿易局（2007）。**國際經貿組織**。取自 http://cweb.trade.gov.tw/

張翠芬（1991）。**兒童電腦輔助教學機行銷策略之研究**（未出版之碩士論文）。國立中興大學，台中市。

張寶源（2005）。**運用結構方程模式探討服務品質、顧客滿意度、品牌權益、關係品質與顧客忠誠度之關係：以桃園縣幼教業為例**（未出版之碩士論文）。國立東華大學，花蓮縣。

曹俊德（2005）。**學前教育機構主管轉型領導、專業發展與幼兒教育品質關係之研究**（未出版之博士論文）。國立政治大學，台北市。

許長田（1998）。**行銷學：競爭、策略、個案**。台北市：生智文化。

郭巧俐（1992）。**幼教服務市場與行銷策略之實證研究：以大台南地區為例**（未出版之碩士論文）。國立台南師範學院，台南市。

郭振鶴（1991）。**行銷研究與個案分析**。台北市：華泰書局。

陳俊升（2002）。**幼兒教育市場消費行為之研究：以台中地區家長選擇幼兒教育機構的歷程為例**（未出版之碩士論文）。私立南華大學，嘉義縣。

陳美齡（2003）。**屏東縣公私立幼兒教師在職進修現況與其專業成長之研究**（未出版之碩士論文）。國立屏東師範學院，屏東市。

陳素滿（2004）。**以鑽石理論建構幼教產業競爭策略之研究**（未出版之碩士論文）。私立台中健康暨管理學院，台中縣。

陳琦瑋（2002）。**幼教工作者的親職教育知能**（未出版之碩士論文）。國立台灣師範大學，台北市。

陳瑞虹（2004）。**經理人的社交技巧對企業經營績效之分析：以幼兒園為例**（未出版之碩士論文）。私立元智大學，桃園縣。

陳詩宜（2006）。**臺北市公幼教師對幼稚園行銷策略重要性的認知與運作現況之調查研究**（未出版之碩士論文）。國立台北教育大學，台北市。

陳銘達（1999）。**幼教之行銷策略：以台北市為例**（未出版之碩士論文）。國立台北大學，台北市。

陳慧菊（2005）。**知識管理與幼教機構行政績效關係之研究**（未出版之碩士論文）。私立元智大學，桃園縣。

粘勝傑（2004）。**探討兒童教育連鎖體系赴大陸投資之競爭優勢與行銷策略**（未出版之碩士論文）。私立大葉大學，彰化縣。

曾光華（2000）。**行銷學**。台北市：東大圖書。

黃俊英（2000）。**行銷管理：策略性觀點**。台北市：華泰書局。

黃深勳、曹勝雄、王昭正、陳建和、許雅智（1999）。**觀光行銷學**。新北市：國立空中大學。

黃深勳、黃營杉、洪順慶、吳青松、陳松柏（1998）。**行銷學概論**。新北市：國立空中大學。

黃蕙吟、鄭美蓮（2003）。**幼兒教育之旅**。香港：教育出版社。

黃麗卿（2005）。**幼稚園專業服務行銷之個案研究**（未出版之碩士論文）。台北市立教育大學，台北市。

楊思偉、沈姍姍（1996）。**比較教育**。新北市：國立空中大學。

蔡樹生（2005）。**品質機能展開技術在幼教服務業的應用：以台南市安南幼稚園為例**（未出版之碩士論文）。私立崑山科技大學，台南縣。

鄭美治（2004）。**幼兒園教師工作壓力、因應趨避與身心健康之研究：以桃竹苗為例**（未出版之碩士論文）。國立台灣師範大學，台北市。

鄭華清（2003）。**行銷管理**。台北市：全華。

賴桂蘭（2004）。**策略性行銷規範性與實證性之比較研究：以幼教及相關產業為例**（未出版之碩士論文）。私立靜宜大學，台中縣。

魏信香（2005）。**兒童美語機構行銷滿意度對顧客忠誠度之研究**（未出版之碩士論文）。國立台北大學，台北市。

羅昌鑑（2004）。**台北縣私立幼教經營者行銷策略認知與運用之調查研究**（未出版之碩士論文）。私立輔仁大學，新北市。

譚化雨（2003）。**東森幼幼台運用整合行銷傳播策略之研究**（未出版之碩士論文）。私立銘傳大學，台北市。

英文部分

Argyris, C., & Schon, D. A. (1974). *Theory in practice: Increasing professional effectiveness.* San Francisco, CA: Jossey-Bass.

Bereday, G. Z. F. (1964). *Comparative method in education.* New York, NY: Holt, Rinehart and

Winston.

Berry, L., & Parasuraman, A. (1991). *Marketing service-competing through quality*. New York, NY: The Free Press.

Bessem, R. M. (1973). Unique aspects of marketing services. *Arizona Business Bulletin, 20* (11), 8-15.

Bitner, M. J. (1990). Evaluating service encounters: The effects of physical surroundings and employee responses. *Journal of Marketing, 54*, 55-68.

Bogdan, R. C., & Biklen, S. K. (2003). *Qualitative research for education: A introduction to theory and methods* (4th ed.). Boston, MA: Allyn & Bacon.

Creswell, J. W., & Plano Clark, V. L. (2007). *Designing and conducting mixed methods research*. Thousand Oaks, CA: Sage.

Dearden, J. (1978). Cost accounting comes to services industries. *Harvard Business Review, 47* (3), 132-148.

Deuzin, N. K., & Lincoln, Y. S. (1994). *Handbook of qualitative research*. Thousand Oaks, CA: Sage.

Drucker, P. (1993). *The practice of management*. New York, NY: Harperbusiness.

Dutka, A. (1994). *AMA handbook for customer satisfaction*. Chicago, IL: NTC Publishing Group in Association with the American Marketing Association.

Edgett, S., & Jones, S. (1991). New product development in the financial services industry: A case study. *Journal of Marketing Management, 7*(3), 35-49.

Eisner, E. (1981). On the differences between scientific and artistic approaches to qualitative research. *Educational Researcher, 10*(4), 5-9.

Evers, C. W., & Lakomski, G. (1991). *Knowing education administration: Contemporary methodological controversies in educational administration research*. Oxford, UK: Pergamon.

Firestone, W. (1987). Meaning in method: The rhetoric of quantitative and qualitative and qualitative research. *Educational Researcher, 16*(7), 16-21.

Gomm, R., Hammersley, M., & Foster, R. (2000). *Case study method: Key issues, key texts*. London, UK: Sage.

Holmes, B. (1977). The positivist debate in comparative education: An anglo-saxon perspective. *Comparative Education, 13*(2), 115-132.

Homan, R. (1991). *The ethics of social research*. London, UK: Longman.

Johnson, R. B., & Onwuegbuzie, A. J. (2004). Mixed methods research: A research paraigm whose time has come. *Educational Researcher, 33*(7), 14-26.

Joseph, E. (1996). Internal marketing builds service quality. *Marketing Review, 47*(1), 54-49.

Kelly, G. P., & Altbach, P. G. (1986). *Comparative education: Challenge and response*. Chicago, IL: The University of Chicago Press.

King, E. (1975). Analytical frameworks in comparative studies of education. *Comparative Education, 11*(1), 85-103.

Kotler, P. (2000). *Marketing management: Analysis, planning, implementation and control* (10th ed.). NJ: Prentice-Hall.

Kotler, P., & Armstrong, G. (1996). *Principles of marketing* (7th ed.). NJ: Prentice-Hall.

Kotler, P., & Fox, K. F. A. (1994). *Strategic marketing for educational institution*. NJ: Prentice-Hall.

Lauterborn, R. (1990). New marketing litany: 4P's passé, C-words take over. *Advertising Age, 10*(1), 26.

LeCompte, M. D., Preissle, J., & Tesch, R. (1993). *Ethnography and qualitative design in educational research* (2nd ed.). New York, NY: Academic Press.

Levitt, T. (1972). Production-line approach to service. *Harvard Business Review, 52*(5), 41-52.

Levitt, T. (1986). *Relationship management*. New York, NY: The Free Press.

Lieblich, A., Tuval-Mashiach, R., & Zilber, T. (1999). *Narrative research: Reading, analysis and interpretation*. Thousand Oaks, CA: Sage.

Lincoln, Y. S., & Guba, E. G. (1994). Competing paradigms in qualitative research. In N. Dezin & Y. Lincoln (Eds.), *Handbook of qualitative research* (pp. 105-117). Thousand Oaks, CA: Sage.

Lovelock, C. H. (1996). *Service marketing* (3rd ed.). NJ: Prentice-Hall.

McCarthy, J. E. (1981). *Basic marketing: A managerial approach homewood* (7th ed.). NJ: Prentice-Hall.

Miles, M. B., & Huberman, A. M. (1994). *Qualitative data analysis: A sourcebook of new methods* (2nd ed.). Thousand Oaks, CA: Sage.

Modiano, M. (2001). Linguistic imperialism, cultural integrity, and EIL. *ELT Journal, 55*(4),

339-346.

National Trades Union Congress [NTUC] (2007). *NTUC members enjoy many perks for work and life*. Retrieved from http://www.ntuc.org.sg/ntucunions/abt_ntuc.asp

Numan, W. L. (1997). *Social research methods: Qualitative and quantitative approaches*. Boston, MA: Allyn & Bacon.

People's Action Party [PAP] (2007). *Working forum on national development*. Retrieved from http://www.pap.org.sg/

Phillipson, R. (1992). *Linguistic imperialism.* Oxford, UK: Oxford University Press.

Porter, M. E. (1980). *Competitive strategy, techniques for analyzing industries and competitors.* New York, NY: The Free Press.

Redestam, K. E., & Newton, R. R. (1992). *Surviving your dissertation: A comprehensive guide to content and process.* Newbury Park, CA: Sage

Regan, W. J. (1963). The service revolution. *Journal of Marketing, 27*, 57-63.

Rushton, A. M., & Carson, D. J. (1989). The marketing of services: Managing the intangibles. *European Journal of Marketing, 23*(8), 23-43.

Singapore Ministry of Community Development, Youth and Sports (2007). *To build a cohesive and resilient society by fostering*. Retrieved from http://app.mcys.gov.sg/web/home_main.asp

Singapore Ministry of Education (2007). *Levelling up opportunities-improving the quality of pre-school education and increasing participation in pre-schools*. Retrieved from http://app.mcys.gov.sg/web/home

Skutnabb-Kangas, T., & Cummins, J. (1988). *Minority education: From shame to struggle*. Clevedon, UK: Multilingual Matters.

Steiner, G. A. (1977). *Management policy and strategy*. New York, NY: Macmillan.

Steiner, G. A. (1979). *Strategic planning*. New York, NY: Macmillan.

Tashakkori, A., & Teddlie, C. (Eds.) (2003). *Handbook of mixed methods in social and behavioral research*. Thousand Oaks, CA: Sage.

Thomas, D. R. E. (1978). Strategy is different in service business. *Harvard Business Review, 161*, 158-165.

Tuckman, B. W. (1994). *Conducting educational research* (4th ed.). Forth Worth, TX: Harcourt

Brace & Company.

Walker, J. C., & Evers, C. W. (1997). Research in education: Epistemological issues. In J. P. Keeves (Ed.), *Educational research, methodology and measurement: An international handbook* (2nd ed.) (pp. 22-31). Cambridge, UK: Cambridge University Press.

Weihrich, H. (1982). The TOWS Matrix: A for situational analysis. *Long Range Planning, 15* (2), 547-566.

World Trade Organization [WTO] (2007). *WTO trade topics*. Retrieved from http://www.wto. org/english/tratop_e/tratop_e.htm

Zeithaml, V. A. & Bitner, M. J. (1996). *Service marketing*. New York, NY: McGraw-Hill.

國家圖書館出版品預行編目（CIP）資料

```
文教產業服務行銷理論與實務：以華人學前教保
機構為例／林佳芬著. --初版.-- 臺北市：心理，
2011.10
  面；  公分.--（幼兒教育系列；51155）
  ISBN 978-986-191-470-1（平裝）

  1.學校管理  2.學前教育  3.行銷

527                              100019270
```

幼兒教育系列 51155

文教產業服務行銷理論與實務：
以華人學前教保機構為例

作　　者：林佳芬

總 編 輯：林敬堯

發 行 人：洪有義

出 版 者：心理出版社股份有限公司

地　　址：231026 新北市新店區光明街 288 號 7 樓

電　　話：(02) 29150566

傳　　真：(02) 29152928

郵撥帳號：19293172　心理出版社股份有限公司

網　　址：https://www.psy.com.tw

電子信箱：psychoco@ms15.hinet.net

排 版 者：辰皓國際出版製作有限公司

印 刷 者：東縉彩色印刷有限公司

初版一刷：2011 年 10 月

初版五刷：2023 年 9 月

I S B N：978-986-191-470-1

定　　價：新台幣 220 元